U0024935

我是蝸的眼！

父職陪伴之生命故事

一位學習障礙生

嚴浩銘／著

推薦序一：「嚴」父與「女兒」（娩）的眞愛奇蹟

認識浩銘，其實是從「嚴爸爸」這個稱呼開始，知道系上有一位學生的父親像是女兒的伴讀生，聽遍女兒所選的每一門課堂，幫孩子做統整複習，沒想到，幾年後，嚴爸爸也從父親、學伴、變成同學，最後成爲女兒的學弟，這一切，都是因爲女兒小娩，同時也因爲小娩，改變了他的人生。這父女檔一路走來，可說是眞愛展現的奇蹟。

在我眼中，浩銘是一位非常特殊的爸爸，不是因爲他有一個閱讀障礙的女兒，而是他在面對家有需要協助孩子時所表現出來的正向、永不逃避的勇氣與堅毅力，就像他在論文中寫下的「只有勇於承擔才能主宰生命，也只有勇於面對才能化解內心的恐懼」，幫自己和女兒打出一張好命牌。

「我們都是成爲父母之後才學習如何當父母的」，這句話或許反映了一般父母對於親職角色滾動修正的歷程，但是對浩銘來說，原先期待上天送給自己一個平凡的孩子，成爲一位平凡的父親，但是老天爺給了他一個重大的任務與不凡的禮物，面對挑戰，浩銘沒有給自己太多怨天尤人的時間，他轉身開始學習如何用適當的方法照顧女兒小娓，他用師徒制的方式，把書上冰冷的特教理論，轉化爲具體的教養方式，自己先了解如何做，再帶著女兒做，放手讓女兒自己做並評估結果，再回頭修正，最後成爲孩子眞正帶得走的能力，一個外行人想方設法實踐抽象的教育理念的教養過程，著實令人動容。

浩銘天生就有孩子緣，他在幼兒園實習時，像一個穩重的爸爸、又像一個頑皮的玩伴，孩子們都非常喜歡他，他像個魔術師帶孩子做餅乾；像個玩伴陪孩子在草地上奔跑；他自帶氣場，一出場就受到孩子熱烈歡迎。可以想像他和女兒小娓在一起時，也是用這種風趣、

幽默、時而是父親，給小娩最大的支持；時而是老師，依著小娩的發展，用他獨特的方法帶領小娩；時而是玩伴學伴，陪著小娩經歷喜怒哀樂；又時而是最好的精神堡壘，傾聽接納所有小娩的一切。

只是，鐵漢也有柔情的時候，論文口試那天，浩銘說著自己一路走來的故事，回顧崎嶇充滿挑戰的來時路，心中五味雜陳，悲與喜湧上心頭，說著說著情緒激動地流下了眼淚，久久不能自己，或許是感動、感慨、感傷交疊的眼淚，我想，這淚水承載了小娩出生後的喜悅、確認爲閱讀障礙時的擔心害怕與軟弱無助、不得不勇敢面對事實的勇氣，從一路跌跌撞撞到牽著全家穩步前行，最後還意外地把這二十幾年父女一起走過的故事書寫出來，我想，這淚水是寶貴與無價的。

「哇喜好命」是浩銘在通訊軟體上給自己的命名，一開始沒有意會這個稱號意義，後來才發現，原來浩銘把自己稱爲「好命」，可以看出他豁達面對人生的態度。他用勇氣和堅毅，活出和女兒不同的人生，淚水後的彩虹，總是特別清亮絢麗，浩銘和小娓，你們眞的做到了，而後半段人生正持續精彩，祝福你們！

樹德科技大學應用社會學院／副院長

李淑惠

112.8.28

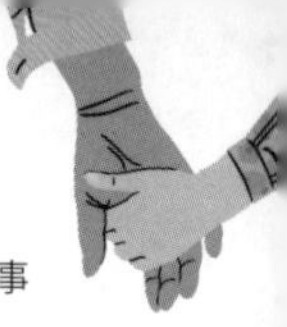

推薦序二：人生中的「規劃者」、「引導者」與「教學者」

我對浩銘的印象，始於還沒見到他本人之前。小婗大一入學時，導師提到學障生父親說女兒學習比較慢，四年唸不完沒關係，可以唸六年，重點就是要把大學唸完。大四幼兒園實習，我聽到導師說：學障生父親說如果今年實習沒過，明年再來，就是要讓小婗有當教保老師的資格。我很好奇這位父親是怎麼樣的人。

有天小婗導師說：學障生父親來唸二技。耶~爸爸來唸二技，為了教女兒？開學時我注意到，二技全班有兩位男士，講台左前方牆壁邊那排中間位置，有位光頭男士，常說話有點幽默有點無厘頭，開學不久便跟我說：「系上老師們的課，我都上過，跟我女兒一起上的。」

非常有心的爸爸，幫女兒學習及複習功課，難怪小婗至少在我的課，期中期末考試成績都過得去。

二技下學期上特殊幼兒教育，分組報告中有個主題是「學習障礙」，印象中浩銘不是選這組，但他很熱心，把小婗從小到大的寫字內容，都提供給小組當解說範例。那時已是Covid19線上上課，我記得很清楚，該組成員說明不清楚，後來幾乎是浩銘在解說範例，我有點驚訝於一位爸爸的用心，一來他保存小婗這麼多資料，二來他很仔細分析，對一位非特教專業的家長而言，已見他的用心。我接續深度解說小婗的文字資料，浩銘回應：可惜沒早點來上課。身爲研究者，我好奇的不是小婗，我很好奇，從來沒學過特教教學法的浩銘，怎麼有辦法教會小婗？除了教學法以外，還有甚麼因素，才能養成婗婗現在的能力？

初期，浩銘來詢問我是否可以指導論文，我拋出問題，他回答：老師你有五分鐘嗎？接著他會講三十分鐘以上，他與小婗的故事說不

完的，且在指導的過程中，我明瞭，浩銘是爲小婗而活，他的生命藍圖是以小婗爲主角，他以爲他是陪伴，但以旁人角度看，他同時也是「規劃者」、「引導者」與「教學者」。規劃者：例如考汽車與摩托車駕照，這是給小婗釣魚竿，而不是給魚吃，甚至最棒的是要求小婗養成「不放棄」的態度；引導者：小婗朝「全勤獎」努力，只因浩銘說一說，但還要看小婗自己選擇要不要達成；教學者：浩銘用畫圖方式教會小婗考照路線與開車技巧。

是甚麼樣的人生哲學、態度與價值觀的爸爸，能在毫無特教專業訓練下，完成這些角色及功能？我很喜歡聽浩銘說故事，因爲他說出日常生活看似平淡的故事後，我們這些指導老師才能協助他像剝洋蔥似的，一層一層再深度剖析與整理，淬鍊出學術論文的層次。

浩銘把小愛化成大愛，想用他與小婗的故事激勵更多人。恭喜他達成心願，我知道看似平淡的內容中，遠不及當時辛苦難過的十分之一，但這老天爺安排的緣分，成就了小婗，也同時成就了浩銘。祝福這對父女，還有更多生命故事可與大家分享。

樹德科技大學兒童與家庭服務系／助理教授

劉蘇萍

112.8.21

推薦序三：向這對父女檔豎起大拇指表達讚佩

小婉在我的心中，是我在大學任教期間最優秀的學生，因為在大階梯教室下午三點到五點的課堂上，每週上課她都坐在前面中間的固定位置，全勤的她上課認真，報告寫得很好準時繳交。每週下課後都會走向前找我聊天，從教室一路聊到停車場，聊學業聊生活聊人生觀，從小婉的話語中，我總是能感受到，她爸爸對她的關照，每當我讚美她時，她都會將這些讚美歸功於她的父母，尤其是她爸爸，這是我對浩銘最初的認識。

如果有緣，自然會相逢。過了兩年，在二技的第一堂課，我進到教室，看見全班女同學當中，有一位坐在靠窗的男同學，在他自我介紹時，我驚喜地見到了小婗的爸爸。在經過課堂報告與期中考之後，我感受到浩銘的認眞與優秀，果然不久後就收到浩銘報喜，他考上研究所了，然後我成爲他的論文指導教授之一。生命故事在質性研究中是很好的典範，也是理論與實務上具有意義的主題，最終浩銘以自我敍說爲研究方法，寫出了一本碩士論文，並且整理後出版，浩銘就是一位不說空話，只做實事的堅毅勇者。

堅強的毅力是有志者騰飛的雙翼，許多人往往只看到成功者獲得如潮的掌聲和耀眼的光環，而沒看到成功者背後付出了超乎尋常的努力。這本書中，可以看到浩銘陪伴女兒小婗成長的同時，自己在父職角色上也有更深刻的認識與實踐。兩人一同經歷了許多喜怒哀樂、酸甜苦辣的事情，卽使面對挫折，浩銘都會鍥而不捨地與小婗共度難關，在生活中以積極又溫暖的陪伴和鼓勵，讓小婗一生受益。

每個人的人生都是一本書，讀一本好書，從書中得到的感悟，就像和智者談話。如果我們讀懂他人的生命故事書，自己的這本書就會更精彩更生動。浩銘用文字傳遞感動人心的故事，成就人生的智慧，當我們自己認同故事中的主角時，我們便活出他的感受和作爲，一起從書中獲得益處，然後向這對父女檔豎起大拇指表達讚佩之意。

樹德科技大學兒童與家庭服務系／兼任助理教授
黃筱晶
112.8.19

推薦序四：好命爸爸與女兒的奇幻之旅

在這個充滿奇遇的世界裡，有些故事特別引人入勝，仿佛我們自己也置身其中。我很榮幸能夠爲您介紹一位特別的父親，他的故事彷佛是現實世界中的一場牧羊人奇遇記。

這位好命爸爸並不是我們通常意義上的英雄，他的傳奇並非在像即刻救援電影上演繹的，而是在家庭中，與他的女兒攜手成長的歷程。他的女兒，一位閱讀障礙的女孩，善良、體貼的一位女孩，曾經面臨著一連串的挑戰和障礙。然而，這位父親並未放棄，而是選擇了毫不猶豫地與女兒一同前行，演繹出一個觸動心靈的精彩故事。

就如同牧羊人奇幻之旅中的主人翁一樣，這位父親在陪伴女兒成

長的過程中，經歷了一場場驚險的冒險。他在逆境中展現出了堅韌的品質，就像是一位智者，不斷地引導著女兒跨越生活的荊棘，穿越不確定的未來。他的陪伴，猶如牧羊人的手，輕輕地引領著女兒通過困難與挫折，走向更美好的未來。

我有幸一同分享這位好命爸爸與女兒小娓共同的努力故事。從陪伴女兒考取汽車駕照（我都還沒考取駕照），到協助她踏入職場，這段旅程並非只是一個人的成長，更是一個家庭的共同努力的成果。我曾經問過好命爸爸，如果時間可以重來，你也知道會與特殊的小娓相遇，你還會選擇生孩子嗎？好命爸爸回答：「會，這是先苦後甘的人生經歷」，這份先苦後甘是多少歡樂與淚水交織而成的滋味啊！

這一本書是一個特殊兒家庭關於愛、關於扶持、關於追尋夢想的故事。讓我們一同跟隨這位父親的足跡，進入他與女兒共同的世界，一同感受愛的力量，一同見證勇氣的花開。願這本書成爲我們的指南，引領我們找到自己的奇幻之旅，踏出屬於自己的閃耀之路。

高雄市立三民高級家事商業職業學校／實習處主任
林紫茵

112.08.30

推薦序五：爸爸的歌，一首生命的歌

一起打過幾場球，「浩銘」兄給我的感覺是一位擁有「正向心理資本」開朗樂觀、風趣幽默、反應極快、做什麼像什麼的人，有他在的地方一定充滿歡樂笑聲。前陣子有幸拜讀他的大作後才知道反差如此之大，浩銘兄的人生就像一顆茶葉蛋，裂痕愈深才能愈入味。

每當新學期開始，學校辦理家長座談會時，我總會和到校參加活動的爸爸媽媽們談到教養孩子的策略「陪伴」與「等待」，自己的孩子現在不能像同儕一樣是一朵美麗盛開的花朵，或許耐心等待，他們將來會成爲一棵參天巨木。事實上我並不清楚對兒女有殷殷期盼的家長們能夠聽進去多少，能否放下手中的抹布、關掉電視、不滑手機來陪伴自己的孩子，等待他們成長茁壯？

在這本書裡我看到浩銘兄爲了陪伴被診斷爲有閱讀障礙伴隨理解能力、記憶能力、手眼協調等多障礙性的女兒小婗的學習成長之路，他能夠成功的調適來自家人、社會環境、經濟壓力等的多方面壓力，在陪伴的路上一直當「婗的眼」做中學、做中教，學然後知不足，教然後知困。

浩銘兄提升自己的特教知能去讀二技相關科系及研究所，發現問題，解決問題，讓小婗崎嶇坎坷的學習之路雖然走的辛苦，但也能夠克服聽、說、讀、寫等學習困難，從國中「資源班」到順利大學學業；克服萬難考取汽、機車駕照，成爲一名合格的幼兒園老師，在堅持、永不放棄的信念下，浩銘父女終於苦盡甘來，嘗到甜美的果實。

浩銘兄「我是婗的眼」這首爸爸的歌經年累月只爲小婗唱，從來沒有停休；自始終只爲小婗唱，從來沒有怨尤。「我是婗的眼」是首美麗動聽的歌，也一定是小婗最愛的一首歌，到這本書出版，應該只是這首生命之歌的第一個段落，祝福浩銘父女一直傳唱下去。

高雄市立五甲國民小學／校長
陳洪泙
112.08.31

自序

因爲陪伴閱讀障礙的女兒一起學習與成長，讓我可以勇敢面對及重新定義我的人生，感謝我的女兒，感謝一路上的貴人，感謝天！

撰寫本書的目的，是將學習障礙生共伴學習的生命故事與主觀經驗，以及學習障礙生家庭成員間的情感衝擊與反思自我的生命經驗。透過敍說的方式，將自己從女兒出生時可愛的模樣，到被診斷爲學習障礙、求學及成長過程的酸甜苦辣，面對自我生命旅程中的喜悅、枷鎖、驚險、挑戰、挫折、貴人等，逐一回顧，敍說閱讀障礙生陪伴學習經驗，與生命交織的心理變化歷程，及其對個人的生命意義。

陪伴女兒成長的過程中，深刻體會孩子所有經歷的一切，無論是遇到多少逆境與困難，如果沒有貴人的鼓勵和支持，就無法成就今日的她，有著勇往直前的勇氣。身爲爸爸的我也得以一起成長與學習，年過五十還能重拾課本再回校園，與女兒一起進入校園進修，至今仍覺得不可思議。感謝我最親愛的家人，與我共同面對小娓從出生到現在所面臨的壓力，給予的親情支援，及生活上的協助，謝謝她們的體諒。我的生命經驗故事也將會持續譜出更燦爛、更豐富的生命樂章。

感謝在小娓生命中每一個重要時刻出現的貴人，林芳仕老師、葛美玉老師、蔡惠美老師、陳香利老師、林紫茵主任、顏妤安主任、柳嘉玲老師、陳冠傑老師、李淑惠主任、楊文田董事長、楊素玲園長、王秋香主任、楊孟儒主任，淑椀老師以及怡婷老師，因爲有您們的協助，成就了小娓的學習與成長，因爲有您們才有現在的小娓。

最後，特別感謝我職場生涯中最重要的貴人，五福旅行社的許順富董事長及陳珮璘夫人，在我第一份工作退休後，娉請我到公司並擔任要職，謝謝您們的賞識與信任，讓我得以再創個人職場的新高峰。

嚴浩銘

112.08.03

目錄

第四章　乘風破浪

第五章

圖目錄

第一章
解開心結

啟程——捲起回憶，勇敢去闖

凡流淚撒種的，必歡呼收割（聖經詩篇，126:5）
願我能及時種下這顆希望的生命種子，
帶來美麗的火花及溫度
給這個世界上有寒冷的地方，
讓世界充滿有情有愛的花朵。

重新定義我的人生，繼續向前行

爲什麼是我？怎麼會這樣？很多的爲什麼無限循環著，不知過了多久心情才平復下來。

我的女兒小娩於2022年大學畢業，在這個時代，「大學畢業」對一個所謂的「正常家庭」、「正常小孩」來說，或許是很稀鬆平常的事；但是在我家，這不知道是多少眼淚累積下的奇蹟。我的女兒在國小三年級的時候被診斷爲「學習障礙」，其類別爲「閱讀障礙」，從此，一個幸福美滿的家庭瞬間變了調，心中編織好的未來藍圖一夕之間就被摧毀了，我從傳統父親的單一角色，轉換成同儕、老師、陪伴者等多重角色，除了自我調適之外，更要扮演家中的協調者及溝通的媒介，因爲小娪是家中第一個新生兒，我的爸媽對她疼愛有加，我的太太更是把她捧在手心，突如其來的消息，如晴天霹靂般的令全家人都無法接受，甚至變得很消極，因此，我一人獨自撐起維護家庭和諧的重擔。

當我知道小娪的症狀是閱讀有困難，甚至會影響書寫後，我就開始唸書給她聽，知道只能靠聽力學習的她很辛苦，所以，我決定當她的「眼睛」。除了學校的課本之外，就連課外讀物、路上的招牌或各式各樣的文宣品，我都會唸給她聽，解釋意思讓她瞭解。因爲她叫小娪，所以從那天起，我就是「娪」的眼，帶她閱讀浩瀚的書海，一同面對未知的挑戰。

我曾經不想承認我的孩子小娪是個學習障礙的小孩，我不想看著

她這一生因爲學習困難而留下遺憾，所以，我完全不能接納自己，甚至想逃避這一切，不想去面對。但終究她是我生的，我是她的爸爸，我仍然必須去正面迎戰，並且盡可能地去改變這一切。既然不能避免，那就把傷害降到最低吧！當我回首這二十多年來對小娩的教養及陪伴歷程，若不是親身體驗，眞的很難用言語及筆墨形容，說是「備極艱辛」一點都不爲過。然而，換個角度想，何其有幸在生命歷程中有她的相伴，與我共同面對重重的挑戰，這些挑戰不只是心理層面的煎熬，也是我人生的一大突破，相信這一切都是上天最美的安排。

我與小娩一起走過坎坎坷坷的人生旅途，旅途中跌跌撞撞，學習的路上一幕幕酸甜苦辣的經歷，一直是我心中很難打開的結，亦是我不輕易向他人吐露表達的情節。除了自卑也是傷痛，每講一次就像傷口又裂開一次的痛苦，但在思緒沉澱後，期望透過本書，能讓更多人對學習障礙有所瞭解與認識。因學習障礙會伴隨閱讀理解、書寫表達等困難，若可瞭解學習障礙生的特質，就比較不會因爲誤解，而認爲是孩子不用功，進而能同理這些障礙生的困難，也較能提供更適切的教學方式，來提升學習障礙生的學習潛能。除此之外，更期盼能提供家中有學障孩童的家長們些許協助，知道如何陪伴及面對學習障礙孩子的生活及課業，甚至開拓升學管道，除了接納更要懂得不放棄。

歷程中的變化

從小婗小學三年級確定爲閱讀障礙時，我就開始陪讀。國小到高中的課程內容我覺得我還可以應付，一直到她上大學後，我發現有很多科目是我不懂的，爲了可以繼續指導她，讓她順利畢業，於是就在2020年，我決定報考樹德科大，就讀二技的在職專班，在二技的課堂上讀到很多有關幼兒發展相關的課程。其中，對幼兒發展這門課裡提到的幼兒障礙類別，我非常有興趣，尤其是探討學習障礙和閱讀障礙的部分，當時特別深入去研究，甚至還找了很多相關的資料，上課時也會把過去所遇到的種種經驗跟老師討論與分享，眞的有種相見恨晚

的感覺。念完一年級的時候，我的成績是班上前五名，足以證明我除了是為了小娩而來以外，還很認真且興致勃勃的在讀這個科系。

就讀研究所一年級時，學習到許多研究方法，在瞭解衆多的研究方法後，更確定了我要朝自我敍說的方向進行，對我而言，說故事很簡單，但要書寫成研究文本，還眞的不知道該如何開始。我經常在閱讀相關文獻時，在他人故事中感同身受，很容易被故事或故事中的主角所吸引，甚至數度紅了眼眶，花不少時間來消化被勾出的情緒，因爲這些文獻或故事對我而言，都是一齣齣活生生的畫面，不斷和自身經驗交織，如同身歷其境般，體會當事人的感受。

我是家中的那顆太陽

如果我把我的家庭比喻成太陽系，我就是那顆太陽，那顆不會動的恆星，太陽永遠照著大地，讓我們有溫暖的陽光。我是家的太陽，照顧了我愛的家人；我需要擁有維持家庭成員間平衡的能力，才能把家變得有趣、有情、有快樂。因爲，這才是家的力量，我要視自己如太陽一般，照亮家裡的溫暖和愛。在敍說故事時，不可能只有我，一定會牽涉到生命中的重要他人，因此，我詢問家人的意見，他們皆表示十分支持我寫這本書，並表示如果有需要，皆非常樂意與我一起探索這一段旅程，家人與我一樣期望我們的故事可以鼓勵學習障礙孩子們的家庭，覺得這是充滿正能量且値得探討的。尤其我的太太和女兒小婉，一位是當事人，一位是因爲此事件而內心受到傷害的太太，原本以爲她們會因爲不想面對而拒絕，沒想到我太太認爲我在這十幾年陪伴女兒學習的辛苦，也應該記錄下來被看見。

透過我自己所經歷過與所說出的故事，我也變得明顯可見，這是指我那些未曾命名，或還可能是祕密的故事，將會曝光出來，在我敍說過往時，必須面對我自己，使得身爲作者的我可能易受傷害，因爲那些祕密的事被公開了。作爲一個敍說者，是不可能自我欺騙，保持沉默，或表現出一個完美的、理想的的自我。因此，我常常會和家人

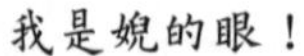

談心及分享我書中的內容，並和我的女兒小娩等親友討論，讓我在寫書期間，有家人及朋友給予專業知識與情感上的支持，才得以順利書寫。

第二章

回首來時路

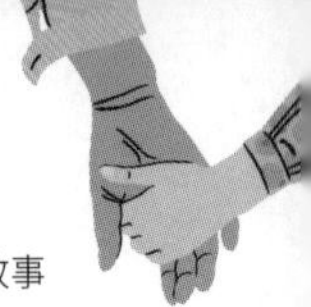

我的成長背景　經濟與陪伴難兩全

我生長在民國六十年代的家庭，從小在家裡就是傳統父系社會結構，加上家境不優渥，爸媽長期在外工作，在就讀國小前都由阿公阿嬤帶大，一直到國小就學時，特別感受到一系列父權意識型態發展出的特別文化體系，或者受制度及傳統「男主外、女主內」刻板性別觀念所影響，爸爸所擔任的都是工具性角色。回想起我與爸爸間的互動模式，印象中，除了對他認眞的工作態度印象比較深刻外，其次就是他既內斂又傳統的個性。他總是選擇默默的關心我們，提供完善的物質生活，但卻不善於表達情感，甚至到我成年後，我們都沒有深談過，所以我跟爸爸的親子關係中，缺少了親密感與主動性。

一張張的獎狀貼滿了牆壁，獎狀是我小時候家裡壁飾的一部分。沒錯！我就是一個聰明活潑的小孩，不但是學業成績優異，運動方面也很突出，幾乎囊括了運動會所有項目的獎牌，但是我最想要的卻是爸媽的陪伴和玩具。

印象中，我的爸媽一直在工作，我是「大同電鍋」養大的，爸爸是建築工人，我從小家境就不好，一家四口在高雄市橋頭區，租一間不到十坪的房子，後來才在附近買了一塊二十幾坪的土地，蓋現在住的房子。當時爸爸爲了省錢，白天去工作蓋別人的房子，晚上收工回來吃飽飯後，再繼續蓋自己的房子。爸爸辛勞的忙到深夜，就直接睡在工地，媽媽說是因爲怕建材被偷。從我有記憶以來，爸媽就到處去工作，他們總是將我帶在身邊，所以整個工地都是我的遊樂場，玩累了就在模板上睡覺，沒有玩伴，每天聽著大人說著聽不懂的話，這就是我的童年記憶。

在我六歲時，爸媽因工作需要，必須住在工地的工寮，所以，就把我帶到阿嬤家寄宿。阿嬤住在當時的高雄縣燕巢鄉馬場村，現已改制爲高雄市燕巢區馬場里，那時候是一處偏僻的山林。因爲爸媽要一、兩個月才會來看我一次，當時阿嬤家沒有電話、也不知道爸媽什麼時候會來，只知道我每天傍晚都會在門口等，等到天黑了才進門。

晚上睡覺的時候會哭，而且不敢哭出聲，每天都吵著叔叔幫我寫信給媽媽，請媽媽下班來接我，但長大之後才知道叔叔根本沒寫。我的阿公是退伍軍人，靠領終身俸過日子，生活還過得去，因爲住在山上，所以採買生活物資都要到山下，阿公阿嬤沒有摩托車或腳踏車，所以幾公里內的移動都是靠走路。印象中，從家裡到山下買菜要走很久，但是可以買一包乖乖或糖果，所以我還是每天跟著阿嬤去買菜。山上的清晨可以抓到蝸牛，尤其是下雨過後，所以我每天清晨就會去抓蝸牛，如果抓的數量夠多，就會留一點自己吃，剩下的再拿去賣。在山上的日子不知過了多久，應該是住到了該就學的年紀了吧！終於可以回家和爸爸與媽媽團聚了。

外婆家和我家都住在就讀國小的附近，在我國小三、四年級的時候，學校只上半天的課，所以我跟姊姊中午下課後都會去外婆家吃飯，和外婆一起看楊麗花歌仔戲，還有黃俊雄的布袋戲，然後跟表姊、表妹，以及鄰居孩子們一起玩，因爲我們都住在外婆家附近，等到晚上爸媽下班才會來接我們。就讀國小高年級的時候，中午就回家吃午餐，我家在學校旁邊，隔條馬路而已，我的午餐就是爸媽早上外出工作前，將昨晚或早上的剩菜放在大同電鍋保溫。當時我最渴望的就是可以吃新鮮的午餐便當，或到學校旁邊的麵攤吃現煮的麵或是黑輪之類的食物，但我每天面對的總是有一股難以形容味道的大同電鍋餐。到了就讀國中時，心想午餐終於可以吃到外賣的便當了，沒想到媽媽替我準備了愛心便當。因爲那時候學校還沒有營養午餐，大家流行向商家訂便當，班上很少人會自己帶便當，我還覺得很自卑的躲在車棚吃，原因是便當都是前一天晚餐吃剩的隔夜菜，怕同學笑我是不是家裡沒錢讓我訂便當。現在回想起來，媽媽準備的愛心便當，那才是人間美味，當時眞是不知道珍惜。

由於學齡前是寄宿在阿公家，所以我國小就是鑰匙兒童，到國中階段已經完全可以自理生活瑣事，甚至還要幫家裡買菜煮飯，等待一直在工作的爸媽回家。所以記憶中，我的家除了吃飯以外，從沒有一

起坐下來「聊天」，只有吃飯時一起開動，吃飽就各自離開，留下空盤給任勞任怨的媽媽洗，我和姊姊吃飽回房間看電視，爸爸到鄰居家聊天，媽媽則是做著永遠做不完的家務。

就讀國中時期就開始進入叛逆期，國小那些用小聰明就可以得到好成績的方法已經失靈，必須要用點時間去念書，甚至有很多例如歷史、地理等需要熟背的科目，無法不勞而獲。第一次段考成績出爐後，直接從車頭的頭等艙跌到吊車尾，但爸爸與媽媽也沒有對我太多苛責，只是更加努力的賺錢供我讀書，讓我去補習班加強功課，爲我付出更多的補習費，但他們在我的學習上沒有任何直接的討論與幫助。

在民國八十年，當時的高中、大學是需要聯考的，我既不愛念書又愛玩，也因爲當時大我兩歲的姊姊已念了私立高職，所以本來想就讀私立五專的我，最後爸媽因學費考量選擇了公立高職，以減輕家庭的經濟壓力。進入高職之後，是我人生最多采多姿的時期，鄉下小孩來到五花八門的大城市，很像是誤入叢林的小白兔，甚麼事都是新鮮的，好奇心加上不服輸的個性，不但結交了許多三教九流的朋友，甚至也嘗試了許多法律邊緣的事，例如：翹課、抽菸、喝酒、撞球、電玩、飆車等樣樣來，很慶幸的是老天爺特別眷顧我，總是在緊要關頭拉我一把，讓我可以全身而退，至今仍充滿感激。

然而，從小看著爸爸多半爲家庭經濟負起供應者的角色，對於親子的教養及陪伴功能往往一直不太明顯。我在高中及二專的求學路上，陪伴我的總是朋友間的玩樂。爸媽只知道我愛玩，但從未在意我在玩樂上的花費，還是掙錢讓我繳私立的二專學費。那時的我，就如現在所說的「青春少年兄」，只要我喜歡有什麼不可以。我在二專時期就交了女朋友，就是現在我的太太，還好有她的陪伴，讓我不會太過於放飛自我。太太的個性溫和，總是安靜的在我身旁陪伴著我，參與我的興趣，看職棒、看電影及品茶、買茶壺等。我在二專畢業服兵役後即將踏入社會，但玩心還是不變，當時我的爸爸就與我進行了一

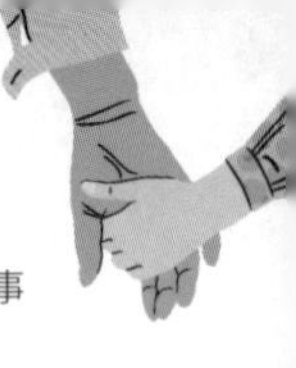

場「男人間的對話」，讓我收起玩心，於1996年進入我人生的第一份正式工作的公司，他就是現今的台灣雙葉電子公司。

還清楚記得那天早上，剛退伍的我跟著爸爸去工地工作，才剛到工地，媽媽就騎著車急忙來找我，說有一家公司打電話來家裡通知我去面試，我便迅速地趕回家換衣服，匆忙到達面試的公司。這是我人生中第一次正式應徵工作的面試，早上進行筆試和性向測驗後，有通過的人下午接著面試。很幸運的，我有收到面試通知，由於都沒有準備與經驗，面試時只記得我跟面試官說：「我可以吃苦，什麼都能做，什麼都能配合，薪資照公司規定即可。」就這樣，我進入台灣雙葉電子公司上班，那是我退伍後第一份正式工作，一做就是二十六年。後來才得知這個工作機會，是爸爸跟當時任職於台灣雙葉電子的工廠廠長鄰居毛遂自薦的。

我永遠記得第一天報到是1996年五月六日，那年我二十四歲。我記得很清楚，收到錄取通知的時候，最高興的是我的爸爸。當時爸爸欣慰且很感慨的說：「我的孩子可以不用靠勞力賺錢養家了。」因爲爸爸從小就跟我們說：「要用功讀書，以後才可以坐辦公桌吹冷氣，不用靠勞力賺錢，要拿筆不要拿圓鍬。」也許是隨著年紀的增長、家中環境的改善，我已經成爲爸爸眼中的大人，我跟爸爸間也多了些平日的互動與談話。印象最深刻的是，每當我在職場生涯中遇到挫折或不順遂想離職的時候，爸爸總是用台語對我說：「入人家的門就得讓人家問。」意思是人在江湖身不由己，而且耳提面命的提醒，能在一家公司做到退休就是成功。所以，每當我在工作上遇到挫折與困境，有離職的念頭時，我都一次又一次的忍了下來。

十二年前爸爸要離開我時，還用虛弱的口氣跟我：「一定要好好工作，遇到困難要忍耐。」我含著淚點頭答應。我在2022年十月，從台灣雙葉電子公司退休，轉職到另一個產業繼續上班。退休那天，我到爸爸的牌位告訴祂：「我在這一家公司做滿二十六年了，我退休了。」

「陪伴」這兩個字在我的成長記憶中非常陌生，透過撰寫本書的同時，讓我能整理出對「自己」的想法、認眞的去思考對陪伴小娓學習成長的價值觀是如何產生、而自己是怎麼一步步地走到現在，進而從中達到自我療癒的效果，清楚的讓我能用各種角度及不同的觀點來自我反思，因此透過我的生命故事，對自己的生命再一次的重新整理。

我的教育方式：若妳不勇敢，沒人能替妳堅強

我認爲家庭教育是所有教育的根本，教育並不一定要有專業的老師、有教室、有黑板才能上課、才能教育。如果師長肯花心思用心的就地取材、隨機應變，其實處處都可以是教育。我們會做什麼，就帶著孩子一起做，我堅信「手把手、做中學」，是對小孩，尤其是對學障生最有效的教育方式。過度的保護孩子，只會讓特殊障礙的弱勢者更弱勢，如果想要扭轉命運，就一定要改變思維，從小就要開始培養

孩子「肯吃苦」與「被磨練」的性格，長大之後，才能不靠他人的施捨與同情，憑著自己的力量，找到自己存在的價值。不是等待，而是要創造，創造自己的存在價值與社會認同。

我不知道未來會如何發展，也不知道我做得對不對，但我深信我與孩子只是一直嘗試的做，我做什麼就帶著孩子跟著一起做，我知道唯有堅持下去，才能有好的結果。教育與學習，就是「要」或「不要」、「願意」或「不願意」，不論有沒有做，時間總是一樣在走，端看自己如何選擇，與人生一樣，是選擇題而不是是非題。我常常告訴我的女兒，我們必須勇敢面對自己的不一樣，老天自然會有最好的安排，如果連我們自己都沒辦法接納自己，還有誰會接納妳，正所謂「若妳不勇敢，沒人能替妳堅強」。每個生命都有存在的意義，只要用心做好每一件事情，用心去感受生命的每一刻，我們就能感受到生命的美好。

心之所向

如果你願意一層一層一層　的剝開我的心
你會發現　你會訝異
你是我　最壓抑　最深處的祕密
如果你願意一層一層一層　的剝開我的心
你會鼻酸　你會流淚
只要你能　聽到我　看到我的全心全意
歌曲：洋蔥／作詞：阿信（五月天）

書寫本書的過程，內心世界就像是剝洋蔥一樣，只要瞥一眼、聞一下，那些自己以為忘記的記憶又會回來，現場文本就像記憶的提增物，在那些遺忘的事件外在經驗與情感內在經驗的空白處，添入遺失的線索，有關我的爸媽、太太、小娓，千百個事件跟自己生命記憶撞擊的那一刻，最先是被湧入，然後擴大，最後因為層層被剝落而淚流滿面。每個畫面和場景，似乎都帶著一種對與錯的世俗判斷或因與果的思考，甚至夾雜著喜怒哀樂的複雜情緒。一些鮮爲人知的過往經歷，對我而言，很難攤在陽光下與他人分享，在洋蔥還沒有被剝開之前，原本以爲自己可以繼續原封不動地安穩過一生，殊不知像洋蔥一樣層層包覆的心，如果沒有被層層赤裸地剝開，很難成爲眞正的自己。

我想從敍說自己生命故事的過程中，發現影響自己生命起伏、演變的意義脈絡，領悟出自己過去生命的動向，同時建構出自己生命未來的方向與力量。我相信自己記得的過去經驗，是對自己有意義，而且是有組織的，才會留存在長期記憶中。因此，敍說自己生命故事的過程，是個探索、解開現仍存在的困惑，發現自己生命意義脈象的機會。我想瞭解的是：「我的父職陪伴故事產生了什麼後果？」、「我的父職陪伴故事將我形塑成怎樣的人？」、「我的父職陪伴故事對我現在的生活，帶來什麼新的可能性？」

攤開地圖，發現寶藏

如果說聆聽是最好的溝通，那陪伴將會是最好的治療。經過敘說書寫梳理自己後，我才能轉化出敘說的力量，這也是我的生命「發現」、「整合」、「豐厚」的歷程。

每個人的身上到處充滿著敘事的片段，如同小時候的我們，都有著自己的祕密基地或時空寶盒，每回打開時，都能感受到時光的倒轉及回顧。這些片段常會因爲與現今時空背景的不同，或是隨著年紀的變化，而有著不同的感受及心境。因此，每每再次收拾成行囊，攤開地圖再出發時，就會將過往曾經的經歷，再次連接在一起，透過記憶的連結，重新創造故事的精彩度及延續性。我在陪伴小娘讀大學的求學過程中，重新踏入大學校園進入學術殿堂，以自我生命經驗之父職陪伴爲研究主體，以我陪伴學習障礙的小娘爲故事開端，敘述從爲人子女至當爸爸的生命歷程，所經歷人生酸、甜、苦、辣串成的人生境遇，宛如三溫暖式的生命旅程，以及跨到現今的自我實現、豁然開朗之心理歷程，藉由自我反思，重新建構並重新賦予自我的生命意義。

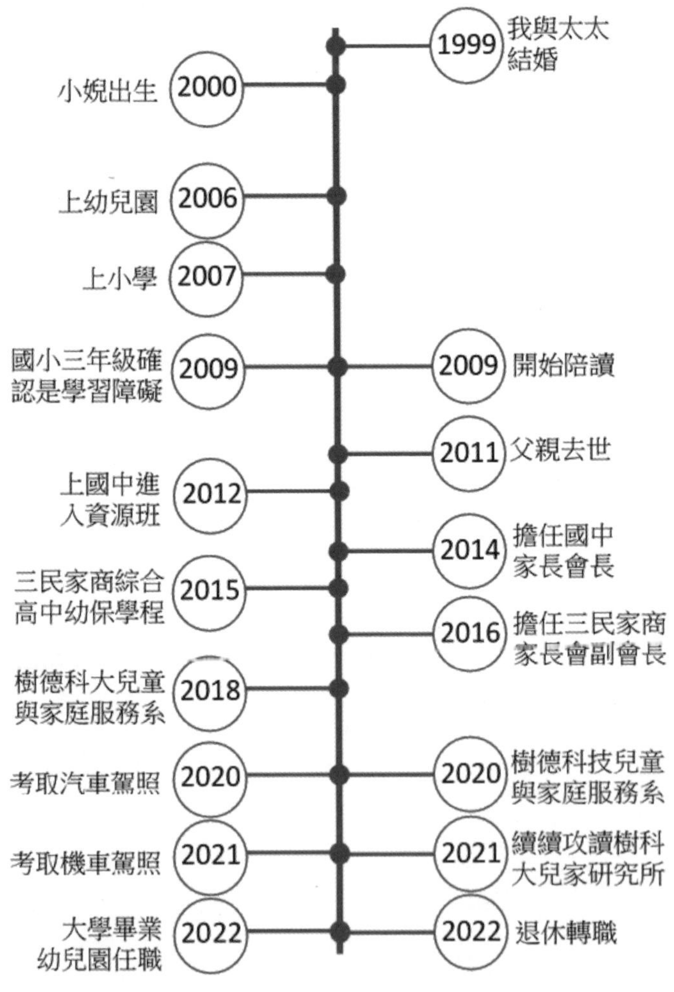

圖一：我與小娓的成長時間軸

第三章
擔責的肩膀

從敍說中發現自己

我們都是從敍說中去「發現」自己的，對很多人來說，自我敍說像是一個自言自語、自問自答、自說自話的過程，但生命是複雜的，每個生命也都有屬於自己的故事，在我的生命之中，小娓就是屬於我的故事。在個體成長的過程中，個體必須先接受自己的過去經驗，才能夠將過去加以建構，轉化並賦予其新的意義。

透過自我敍說，讓我能再次重新面對我的過去，讓我有機會再重新檢視小娓從小學到大學畢業，我陪伴她的點點滴滴。兩年多來一次又一次地跟同學和師長分享我的生命故事，他人感動的回饋使我更正向肯定自己過去的努力，從「單薄」慢慢變「豐厚」，尤其透過論文的書寫，變得更勇敢地說出內心的感受，讓我有更多勇氣振筆書寫關於我自己的故事，使得原本一場無人觀看的獨角戲，慢慢地變成一齣膾炙人口的大戲。

回過頭來，所有陪伴的歷程，其實有著很多不堪回首的體驗，這些體驗不只讓我的過去父職經驗重新再整合，更使我更有力氣回頭審視自己。

曾經含淚書寫的內容，如今閱讀起來，不僅情緒平復，而且客觀，更多是化成此時此刻毫不猶豫前進書寫的力量。我曾經自艾自憐，怨嘆老天爺不公平，甚至想要自暴自棄，但在本書的書寫過程中，一層層的剝開自己，直到心靈的最深處才發現，這是上天給我的課題、給我的考驗。

現在的我回頭看，不但不會抱怨，反而卻有更多的感激與感謝，因爲有小婗，才讓我原本平凡無奇的人生，不但增加了許多色彩，還豐富了人生旅途中的點點滴滴。

父職角色與內涵

爸爸的手像燈塔，指引正確的方向，使我感到好安心。
爸爸的手像魔術棒，變出各種的禮物，使我感到好神奇。
爸爸的手像手套，厚實且溫暖，無私地奉獻，
使我感覺到，滿滿幸福的愛！
爸爸的手
（侯俊甫，2015）

擔起責任的肩膀

燈塔的作用，是在船隻航行到危險地帶的時候，及時的給予提醒和引導，讓航行到此處的船隻注意危險並及時避讓，且得以繼續保持航行。而爸媽對於孩子的意義更是如此，在孩子迷茫或者可能即將進入危險領域的時候及時的提醒，進行避讓，不至於讓孩子走上一條不歸路。所有人都是只活了一遍，誰也不能評判誰的人生是對或是錯，

但是爸媽卻可以做到成爲孩子的燈塔，引路燈（呆若木雞的吉普，2018）。我的爸爸是家裡的明燈，我們在爸爸厚實的手及堅毅的肩膀下成長，過著樸實幸福的童年及年少的生活。後來，我結婚生子，也曾經希望能爲孩子撐起安全及強壯肩膀，讓他們能在我的保護下，勇敢並自由翱翔於屬於自己的天空。

爸爸親像山

細漢爸爸親像山看伊攏著舉頭看
大風大雨攏不驚永遠高高站直那
大漢爸爸親像山總是恬恬不出聲
想要親近不敢倚不知伊的心內咧想啥
爸爸親像山
（詞：吳念真，1992）

〈爸爸親像山〉，這首歌是楊宗憲1992年所演唱，由吳念眞作詞，歌詞中將爸爸比作山，唱出傳統爸爸木訥的一面。就如同〈爸爸親像山〉這首歌曲的歌詞中所言，高不可攀，遠不可親的角色，猶如台灣傳統爸爸扮演的是賺錢養家的角色，極少有親密情感的表露。

我的爸爸，小學畢業後就出社會學習技能，與媽媽是因媒妁之言而結婚生子，組成了一個小家庭。在我記憶中的爸爸，除了工作還是工作，爲了養家糊口，能供應家裡所需，全心全意投入工作賺錢；媽媽則是傳統女性「嫁雞隨雞，嫁狗隨狗」最佳的代表，除了每天跟著爸爸一起工作，下班則順路在回程中買菜，準備晚餐與家人一同用食，還得利用空檔及假日時間完成家務事，爲家裡打理一切。我在家庭中與爸媽幾乎零互動，爸爸忙於工作，吃完晚餐就到鄰居家串門子，媽媽則得忙於家務，當孩子的我們，只能看電視玩玩具，唯一讓爸媽驕傲及炫耀之處，就是國小的我，都是名列前茅，爸爸會將獎狀裱框放在家中最顯目的地方，偶爾跟鄰居及親戚說嘴。當時的我，就是用這樣的方式引起爸媽的重視及愛護，那時只要我想要的玩具，爸媽都會滿足我，導致跟姊姊受到的待遇有著強烈的對比，如同當時候「重男輕女」的時代縮影。

然而，在我就讀國中時期，爸媽還在拼經濟，我就變了樣，知道爸媽的生活作息千篇一律，加上忙於工作，我的行爲開始有了偏差，玩心過大，利用小聰明讓自己在學業上低空飛過即可，將玩樂擺在前，爸媽在完全不知情的狀況下，以爲兒子會考上「雄中」，結果差一個字，我考上「雄工」汽車修護科，當時我差點被爸爸趕出家門！這就是我的爸爸。在傳統且低階級的家庭中，爸爸的責任，就是扮演著賺錢養家的角色，鮮少與孩子相處，從孩子呱呱墜地至成年，極少有親密的互動，取而代之的是棍子的對待或嚴肅的態度，陪伴及教子則是母職的工作。但不可否認，爸爸對家人的付出，卻從來沒有間斷過，爲家庭奮戰不懈，爲了讓家人能過得好生活，一生不斷在事業上打拼，戰戰兢兢，腳踏實地工作，從學徒開始，一直做到佛光山工程的建築包商，雖然缺乏親子的陪伴，但在爲人處事上，帶給我很大的正向影響。例如：常常會有許多人到家中，委請爸爸協助工程或其他人未能完成事項的請託等。這在我童年記憶中，「爸爸親像山」是給我最佳的身教。

因此，「爸爸親像山」就隨著社會變遷，多了一種環境形塑或社會賦予的任務，也是爸爸能夠自願爲孩子與家庭付出的行爲。當一個男人轉變成爲爸爸之後，不僅在名義上被尊稱爲爸爸，其實質上的親職表現或行爲也必須合乎社會文化對父職的期許，具有責任的意味。

現在回想起來，山的樣貌在我長大後明顯的大大改變，爸爸會因子女性別不同，產生不同的期望差異，不僅影響了親子關係，也會影響下一代對父職行爲的塑造，隨著時代的脈動，父親角色融入情感性特質，增加「陪伴、支持、照顧、身教」等向度。而這也顯現在我與我的女兒小娩的親子關係中，我「成爲女兒的大樹」。

成爲女兒的大樹

「爸爸親像山」，因爲高山巍巍，使人崇敬；大樹能讓我們擋風避雨，大樹也可以乘涼，就像在八〇年代，思想隨著社會發展及變遷，體會到爸爸不僅外出工作、養家活口，更能協助家人解決問題，可以說是生活中，爸爸就是家庭的庇護傘及陪伴者。有了穩定工作的我，隨著年齡的增長，緊接著面臨成家的壓力，要成爲人夫及爸爸的角色。爲人爸媽者就是期待自己的小孩子能成家立業。經過三年的社會歷練及打拼，我與就讀專科就交往的女朋友結婚了，我跟太太與爸媽同住一個屋簷下，因爲家庭中多了我在工作賺錢，加上當時爸爸的事業更上一層樓，使家中的經濟更加穩固，媽媽就擔任全職的家管，而太太則在隔一年就懷孕，生下我的女兒小娊，我們在2000年組成了三代同堂的家庭。

升格爲爸爸、媽媽及阿公、阿嬤的我們，對小公主小娊的寵愛眞是無法言表。我的爸媽對我們小夫妻的生男生女，沒有給任何壓力，更把小娩當寶貝一樣對待。身爲爸爸的我與我的爸爸，兩人白天皆忙於工作，下班回家就迫不及待的洗澡，就爲了可以抱抱自己的孩子及含飴弄孫，與六〇年代我的爸爸在當父親時有著天壤之別，所以我的媽媽常取笑我的爸爸，當時候他幾乎很少抱過我與姊姊。

我對自己成爲爸爸的期許，除了賺錢讓家人有個安穩的生活，更期望在孩子的成長過程中，有著三代同堂的關愛、陪伴及和樂，所以我便成爲家中的重要角色，在工作上積極向上，在日語、英語能力足以在工作上溝通的我，2002年被雙葉日商公司派遣至新加坡分公司進行業務的推動，當時我和妻女一起移居新加坡，能在工作之餘還可照料妻女的生活所需，且常常與台灣的爸媽透過書信、電話來表對家人情感的關心。

家有學障兒的父職挑戰

The most amazing feeling I feel

Words can't describe what I'm feeling for real
Baby I paint the sky blue My greatest creation was you
這是最讓我感到美好的事
沒有任何一句話能形容這種感覺
寶貝我為妳彩繪這片天空　因為妳是我最大的寶藏

這首歌〈Glory〉是一位美國嘻哈音樂藝術家、企業家——Jay-Z寫給女兒的歌，還將女兒的哭聲錄進歌裡。那份將孩子捧在手心的喜悅，與眾人分享，我想這是當上爸媽者都會懂的心情，能把那份新手爸媽迎接新生兒的感動顯露無遺。

就如這首〈Glory〉——榮耀，確實無法用語言表達我們對小婗來到世界的奇妙感受，尤其是在家庭中大家殷殷期盼的第一個新生兒，她是家中最大的寶藏。在學齡前，小婗就像日本娃娃一樣的可愛，在我們無微不至的照顧下，更是個無憂無慮的小公主。我與太太帶著小

婗出門，她總是個笑咪咪的乖寶寶，在進入小學面對課業學習時，總讓家人們認爲「大隻雞慢啼」（註：台語。意卽大器晚成），多點耐心及等待她開竅後的學習進展，應該會越來越進入狀況。但在國小三年級的老師發現下，「學習障礙」成爲我們家新認識的名詞，並在家裡掀起了一波漣漪，慢慢的擴散，家人們無不受到心裡的衝擊。

家中唯一的寶貝小婗，在嬰兒時期就是全家人捧在手心的寶貝。學齡前，小婗的動作總是溫和緩慢，連說話都是小小聲，不哭不鬧而且臉上常常掛著微笑。帶她出門時，她可愛的模樣是家人們的驕傲，她是我們家中集萬千寵愛於一身的小公主。到了學齡階段，也如一般家庭的期待，希望她有個健康快樂的學習與成長，但卻在小婗三年級時，除了發現小婗在課業學習上顯得吃力，也被當時的班級導師提醒，孩子的狀況需要進行評估。評估結果，「學習障礙」從此就伴隨著小婗。

學習障礙，因爲單從外表看不出來，故又被稱爲「看不見的障礙」或「隱性障礙」。如同小婗，就像一般孩童一樣，外表看不出她有何特殊性，幼兒園的快樂學習環境裡，不會有比較及成績的壓力，在幼教老師及才藝老師的教導下，只要有著快樂的學習以及小小的進步，都是孩子的成就；但到國小階段，就要有學習的進度與學習成效。就讀國小低年級時期的小婗，每每成績及動作不及他人，我們總覺得還在適應當中，再稍稍等待她的成長，應該會變好，但人的等待是有時限的，到了國小三年級，經過才藝班老師的建議、學校師長的協助、醫院的評估及診斷，讓身爲爸媽的我們，得知了婗是個「學習障礙」者。

小婗在就讀國小一年級時，出現上藝能課時會踮腳尖走路、媽媽在課後的作業指導陪伴唸讀，隔日她卻總是都忘了、在書寫過程中總是遺漏字句、更在自己唸讀中，總會跳字或跨行讀等現象，所以學業成績不理想是可想而之的，到國小三年級，當課業愈繁重、愈有深度，小婗學習不佳的狀況就更明顯了，那時候的我們，都認爲只是大隻雞晚啼、也許是孩子在學習時偷懶不專心，也或許是不用心分心了，所以才會跟不上進度，就忽略了孩子是否有較特殊的學習障礙狀況，更別說在九〇年代，對於診斷及評估都會以外顯行爲來判斷是否有需求性，所以在被提醒及建議要帶孩子去評估過程中，我們很掙扎，卻也很感恩，對於診斷後的結果，再加以比對孩子的身心狀態，讓我們能因瞭解而更有心理準備，去面對之後的硬戰。

小娩經由評估診斷確定爲「學習障礙」，學習障礙的特質是學習障礙者的學業表現因爲神經心理缺陷，導致聽、說、讀、寫、算等方面有顯著困難，而閱讀是許多學習障礙學生常見的學習困難，學習上的挫敗感連帶影響學習動機。閱讀理解困難包含識字及理解，其中的識字困難，主要與短期記憶、工作記憶及記憶策略有關。閱讀時常會有跳字、漏行、斷詞錯誤等情況，因此，影響唸讀流暢性且缺乏統整上下文線索的能力，也較難察覺文章矛盾之處。

由此可知，小娩在診斷爲學習障礙類別中屬於閱讀障礙，但也伴隨著許多障礙性的問題，比如：理解能力、記憶能力、手眼不太協調、反應（知覺能力）及舉一反三能力等，這些都會產生連帶關係。故此，學習障礙學生在學習上需要具體的說明與步驟化的引導，而且大多會伴隨注意力不足與記憶檢索困難，以致於在課堂中對於學過的內容常無法立即提取與反應，導致學習成效不彰，再加上長時間累積的學習挫敗感，使得他們用消極的態度面對課後的學習任務，而識字困難的學習障礙學生，因缺乏記憶策略，以致無法有系統地從長期記憶中提取訊息，故無法進一步將訊息做區辨，所以常出現學過易忘的情況。

小婗就讀國小六年級的時候，有一天我開車載著她在回家的路上，她突然看著路邊的招牌跟我說：「爸爸，那個『郭帥博』的東西，看起來好好吃。」當時由於車子在行進中，我實在聽不懂她在說什麼，過幾天我們又經過那條路，小婗興奮的大叫：爸爸就是這一家「郭帥博」。我抬頭一看才知道，她講的是「鄧師傅」。這三個字的

外形差不多，對小娩來說就是長得一樣，我開始意識到事情的嚴重性，也積極的尋求解決方法，以改善她認字以及學習的成效。

在學習過程中，我會關心小娩所有學習成長過程，做爲詳細紀錄並找出與他人不同之處，來加以了解及一起面對，找出解決之道。如在小娩在書寫練習中，有相當不同的感受，當國小、國中有空間的限制（格子簿、橫線的筆記本）時，就會注意空間的運用，在寫字上會儘量在空間內完成，但在空白紙上的書寫時，就會無法能掌控空間的運用及平衡點，字就會愈來愈大，也就會自認爲自己的字體與他人相比更不好看。因此，我在陪伴小娩的學習過程中，除了思考如何運用有效的策略之外，也要激發小娩的學習動機，讓她能在我的引導下投入學習活動、降低對於學習的排斥感，希望她能認爲「學習是一件值得快樂的事」，扭轉她對學習的負面觀感。

家庭中的「礙」與「愛」

新生兒的誕生，讓家庭既欣喜又緊張，尤其初爲爸媽的我們，更有著漫長的學習之路正要展開，期待著寶寶健康、平安且聰明，然而我的孩子小娊因爲先天的因素，在身心發展上，顯著落後於一般兒童的成長，而這些「身心障礙」子女，對於家庭來說，帶來很大的衝擊與挑戰，更有別於一般家庭的家庭關係，除了對家庭整體造成影響外，亦直接影響家庭成員的互動關係。照顧者在面對身心障礙的子女，必然會經歷自我內心衝突與調適的過程，從恐懼、排斥、憤怒、沮喪到接受等身心煎熬的壓力，接踵而來的還有面對照顧的問題，現實生活經濟面的問題等，通常是長期，甚至終其一生都要背負起的責任與壓力。

新成員小娊呱呱落地的到來，對當時三代同堂家庭的我們，帶來無比地和諧及愉快，我的爸媽幫忙照顧孫女，可拉近代間距離，也讓雙薪家庭的夫妻倆能安心工作；對年幼孩童而言，則有熟悉穩定的

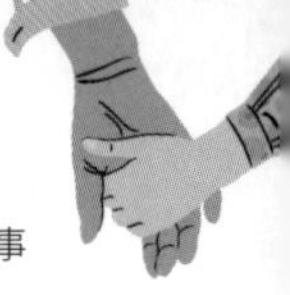

照顧者和環境，不需要重新適應，更能使夫妻把爸媽視爲育兒的共同夥伴，並能利用休假期間共同陪伴及旅遊，創造美好的回憶。然而，學習障礙常被稱爲「看不見的障礙」，這些障礙兒童的外表與一般兒童無異，因此，主要照顧者在面對兒童本身問題、家庭當中或是生活中，常常承受無形的壓力。此時，家庭中產生了極大的震盪。家中出現障礙兒時，障礙兒爸媽的壓力會比一般兒童的爸媽還要高。

家庭是兒童成長與接受教養的核心，是認識自我、他人與世界的起點，也是兒童第一個閱讀環境。學齡前兒童的家庭經驗會影響到認知發展，並奠定日後學校成就表現的基礎。爸媽是兒童的角色楷模，當兒童體驗到學習困難時，支持性的家庭關係就變得特別重要了。家庭環境的功能若不彰，會導致學校問題的產生，且兒童的學習障礙也會對家庭成員產生影響。

「每一個在你的生命裡出現的人，都有原因」，也因爲小娩，造就了現在的我。當小娩被診斷爲閱讀障礙者，我就看見自己的重要性，責任也隨之而來，更顯現出為人父、為人夫的定位與價值，已不再只是個工作賺錢養家的男人，而是有幸陪伴孩子一起學習成長的爸爸。雖然認眞學習不一定可以得到好成績，但不認眞的話就算頭腦再好也枉然，記得國小老師常常對我們說：「小時了了，大未必佳。」雖然聽得懂，但感受不深，直到長大出社會後，才深深體會那是我的最佳寫照。國小階段我就是個所謂品學兼優的學生，班上排名永遠是前三名，在體育項目上也是有突出表現的佼佼者，甚至常代表學校出去比賽拿獎牌，但國中開始，用小聰明唸書的方法失效了，也迎來人生第一張不及格的考卷（歷史、地理），因為有很多科目是要熟背的，不能只靠理解或印象。所以聰明有什麼用？不認眞學習成績一樣不好，更別說是閱讀障礙的學生了。

人生就像一張有去無回的單程車票，沒有彩排，每一場都是現場直播，現在還正播放著。爸媽對於自己的孩子，無不是「望子成龍、望女成鳳」，當孩子被診斷為身心障礙的特殊兒童，通常對雙親產生

情緒上的衝擊。爸媽通常有焦慮、罪惡感、依賴、拒絕和絕望等心理反應，對身心障礙家庭來說是一種挑戰。加上面臨孩子生理或發展上的特殊需求，身心障礙兒童的爸媽，需花費比一般爸媽更多的心力，在養育照顧子女的過程，更容易感受到親職壓力。

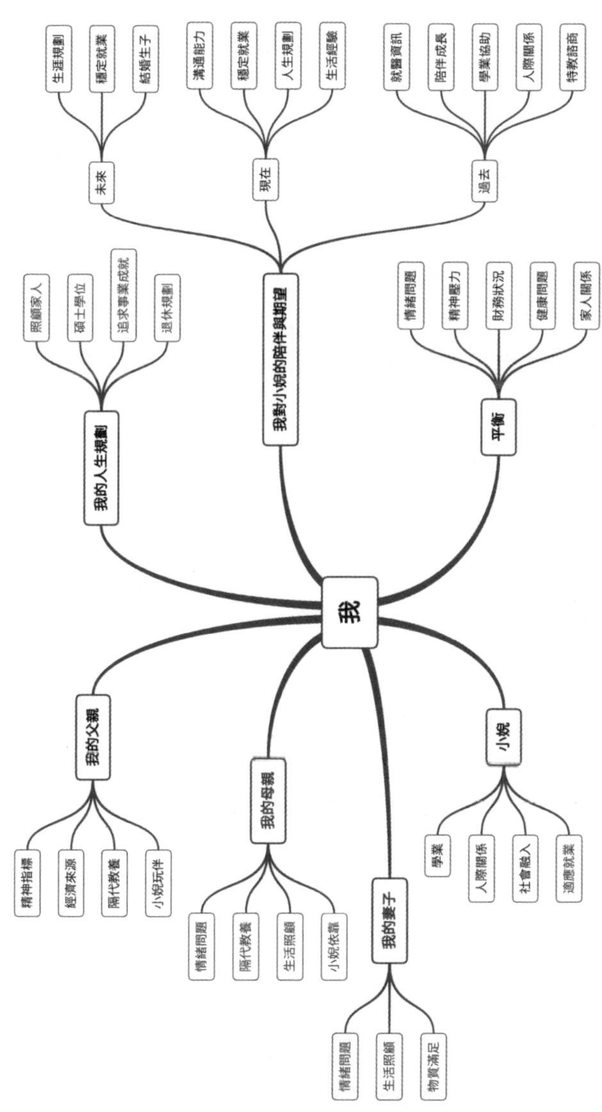

圖二：我與家人的情感關係圖

第四章 乘風破浪

艱難的關卡也困不住前進的渴望

月娘光光掛天頂　嫦娥置那住
你是阮的掌上明珠　抱著金金看
看你度晬　看你收涎　看你底學行
看你會走　看你出世　相片一大疊
輕輕聽著喘氣聲　心肝寶貝子
你是阮的幸福希望　斟酌給你晟
望你精光　望你才情　望你趕緊大
望你古錐　健康活潑　毋驚受風寒
心肝寶貝

（詞：李坤城、羅大佑，1991）

公主的出生　夢想的開端

「嚴先生，這是你的女兒，你看一下……。」2000年六月二十七日上午七時，從護士手中接過女兒那一瞬間，我心想：「我當爸爸了！天吶！跟我想像的不一樣，五官連在一起，皮膚皺褶，感覺像一團大肉球，原來這就是剛出生的嬰兒。」

身爲新手爸爸的我，每天總是把握可以探視的時間，從嬰兒房的窗簾還沒拉開就開始就目不轉睛盯著看，一直到嬰兒房的護士把窗簾拉上爲止，彷彿全世界只剩下我與小娓。她的樣子一天一天的變化，一天一天愈變愈可愛的模樣，到三個月大的時候就長得如日本娃娃一樣的惹人憐愛，這是我五子登科的最後一張拼圖，有女萬事足。除了等待小娓的長大，心中也已經開始安排她的成長之路，所有關心的事情都與她有關，買嬰兒用品、買書、買衣服等，每天都充滿著期待，全家人也因爲她的出現，生活習慣也有了改變，大家在講話時變得輕聲細語，所有的動作都放慢、放輕，深怕吵醒正熟睡中的嚴家第一金

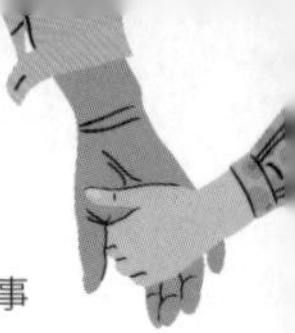

孫小婗。

我的爸爸、也就是小婗的阿公，在小婗出生前，晚餐過後總是會到鄰居家串門子，直到十點睡覺前才會回家，但自從小婗出生後，他下班回到家後就會立刻洗澡，然後在嬰兒床旁邊對著小婗傻笑，時不時去碰一下小婗白裡透紅、吹彈可破的臉頰，假日則整天抱著她都不會喊手痠。聽我媽媽說，我跟姊姊小時候，爸爸從不抱我們姊弟，有時還會嫌我們吵，可見小婗在我們家地位是如此之高，難怪有人會說，小孩子是家庭中最好的潤滑劑。

我的太太非常疼愛小婗，因此期望也非常高。由於小婗長得眞的非常可愛，所以太太每天都幫她打扮得很精緻，每天都幫小婗拍很多漂亮的照片。在家原本不用下廚的太太，每一餐都親自爲小婗準備副食品，無微不至的照顧著她。小婗在七個月大的時候，我因工作上的需要，被公司任命到新加坡分公司，前前後後在新加坡工作將近兩年的時間，當時太太就辭去在銀行的工作，和我帶著七個月大的小婗一起到新加坡赴任，我們三人就在新加坡展開新生活。

原本在台灣的時候，我是與爸媽一家五口同住，我和太太都在上班，家中所有的一切都是由媽媽打理，在新加坡上班的那段時間，太太每天都會到市場買魚骨頭來熬製高湯，燉粥給女兒吃。小娩睡覺時，太太就會利用時間去看一些有關幼兒發展的資料，而且買了很多時下最流行的嬰兒教養刊物與DVD，全心全意的照顧這個女兒。也因爲如此的用心，造成後來太太是最不能接受小娩有閱讀障礙的事實。

我的爸爸與媽媽甚至在我剛到新加坡工作的那段時間，因爲想念小娩而特地飛到新加坡去看她，由此可見疼愛孫女的程度有多深。也許是小時候的我們，家中經濟不是很好，印象中爸媽總是早出晚歸的在拼經濟，有時連假日也沒休息，家人除了吃晚餐能聚在一起之外，其他時間鮮少互動，因此對於小娩的出生，我的爸爸比任何人都興奮，不只成爲她的專屬司機，除了每天開車載她去幼兒園上下課及到處溜達外，假日也會載她到處去炫耀，讓大家看她可愛的金孫，爸爸

的舉動連我媽媽都吃醋了，因爲爸爸都不太開車載媽媽出門。

常聽人說第一個孩子照書養，所以小婗的食衣住行全部都是照著書本進行，雖然我不贊同媽媽常會用一些超民俗的方法來帶小孩，例如：小孩如果晚上不睡覺或哭鬧，就把衣服反穿、如果不喝奶就帶去收驚等，但是我在不失家庭和諧的情況下，還是做了部分妥協，一同拉拔小婗長大。似乎家裡的每一個人都想把小婗變成自己心目中的樣子，因此，她便成爲我們大家完成自己夢想的希望。

小婗每次出門總是可以吸引到衆人的目光，大家都會對著她說：「好可愛喔！」絕對不是「別人的老婆比較漂亮，自己的孩子比較可愛」的想法，而是小時候的小婗眞的很可愛，所以就連外阿公和外婆也疼愛有加，小婗也是我太太家中第一個孫子，所以每到假日，太太的爸媽總是要求我們帶小孩去回去讓他們看看，尤其是小婗的外公，每次看著她，都笑得非常的開心，過年的時候紅包包得特別大包；小婗的舅舅和阿姨，幾乎每個月都幫她買很多新衣服和玩具，眞的是倍受寵愛，小婗就這樣在大家的呵護下，度過了學齡前的歡樂時光。

我的媽媽，除了在我們姊弟就讀國中之前，爲了提升家中經濟跟著爸爸出去工作以外，其實媽媽是一位很傳統的家庭主婦，一切以家庭和丈夫爲主。所以當小婗出生時，這個當阿嬤的就負起一起照顧的責任，白天我們夫妻去上班的時候，小婗就是由我的媽媽照顧。我的媽媽很愛乾淨又有潔癖，所以孩子交給她，我們夫妻都很放心。每次孩子有不舒服或半夜發燒，媽媽擔心著急的程度都比我們當爸媽的還大，由此可見，我與姊姊小時候，媽媽是多麼的疼愛及照顧我們。

時間過得很快，小婗到了要上幼兒園的年紀，就在這個時候，家中爲了小婗就讀哪個幼兒園比較好，發生了第一次嚴重的衝突，其中不乏激烈的爭執，因爲我的爸媽希望小婗讀鄰近的傳統幼兒園，這樣他們可以就近照顧，而且我的爸媽都認識幼兒園的園長，他們認爲這樣可以獲得特別好的照顧，至於我們夫妻則希望小婗就讀全美語幼兒園，只因一句「不要讓孩子輸在起跑點」。我們夫妻在挑選幼兒園

時，每一家都親自去參觀，從軟體到硬體逐一比較，最後挑選到當時最夯的全美語幼兒園，學費足足是一般私立幼兒園的兩倍、公立幼兒園的三倍，除此之外每天及每個假日，都安排各種活動，把小娩的時間排得很滿，很害怕自己的孩子輸給別人。

對於小娩就讀哪個幼兒園的爭執，最後爸媽尊重我與太太的選擇，讓小娩就讀全美語的幼兒園，就在小娩即將入學的三天前，我爸爸特地去幼兒園勘查園所內的環境，尤其是戶外的遊戲空間，看看有沒有什麼不安全的地方，結果發現有個步道上的水泥有些剝落，我爸爸覺得存有讓小朋友跌倒的風險，於是隔天就準備了材料去幼兒園進行修補，此舉也嚇到園長，園長直呼他沒看過那麼保護及疼愛孫子的阿公。

記得曾經有句廣告詞說「不要讓孩子輸在起跑點上」，這句話幫所有的補教業、才藝班創造了無限的商機，從此家長就要開始忙著送小孩上各種補習班、大腦潛能開發、音樂美術才藝班、美語，珠心算等等，所以大部分的爸媽做的正是這類的事情，就怕自己的孩子輸給了別人，只要一聽別人家的孩子會彈鋼琴、會跳舞、講英文，就著急的將孩子送去才藝補習班，我想時至今日，臺灣不知道有多少人在小時候學過鋼琴，珠心算或英文，當時的我，對小婗的安排也不例外。

有一天，我無意間被YAMAHA音樂教室的電視廣告所吸引，而且我從小就羨慕可以學鋼琴的孩子，因此馬上去幫小婗報名了鋼琴班。那時小婗剛就讀幼兒園大班，我們就每個星期六送她去上鋼琴課、星期日上美術課、整個小學階段陸續上了雲門舞集的兒童律動、還有朱宗慶打擊樂。現在回想，相較於我們小時候的年代，玩彈珠、捉迷藏、到溪邊抓魚玩水，每天只知道玩，尤其是寒暑假，幾乎都玩到快開學才在拼寫作業，那才眞是最美好的童年時光了，所以，並不是提早接觸，就一定可以比人快一步。

誠如洪蘭（2017）所言，任何領域要成名都得下苦功，孩子如果有莫札特的能力；我們給他莫札特的環境，他會成爲莫札特。他如果

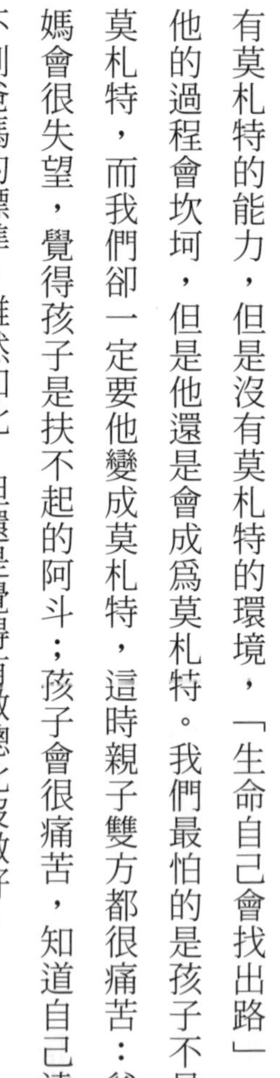

有莫札特的能力，但是沒有莫札特的環境，「生命自己會找出路」，他的過程會坎坷，但是他還是會成爲莫札特。我們最怕的是孩子不是莫札特，而我們卻一定要他變成莫札特，這時親子雙方都很痛苦：爸媽會很失望，覺得孩子是扶不起的阿斗；孩子會很痛苦，知道自己達不到爸媽的標準。雖然如此，但還是覺得有做總比沒做好。

變調的戀歌：夢碎了無痕

有沒有誰能讓我敞開心扉
一路面對的是是非非
酸甜和苦辣，各種滋味
這人生的歌，唱起心會碎
多少夜裡只能偷偷傷悲
未來的路啊還受多少罪
人生怎就沒有想像的美

再累也無路可退

（詞：鐘翠華，2023）

小娪生命中的第一位貴人，是當時任職畫筆兒童戲劇美術的美玉老師，她發現小娪在學習上有些異狀，請我們要注意，尤其是走路都會踮腳尖，她說這跟有些特殊生的狀況很類似，因爲美術老師妹妹的小孩就是有這樣的狀況，最後被診斷出有輕微的自閉症，並且給我們一些相關的資訊，可是當時我與太太都覺得她只是年紀還小，想說再觀察看看，當時娪是幼兒園大班。時間過得很快，一轉眼小娪升上小學三年級，第一次月考成績出現了大警訊，很多簡單不應該錯的題目都答錯，考試前幾天也都複習過，小娪卻不會作答，但事後再問她一次，小娪卻能對答如流，第二次月考又是如此，因此當時的班級導師就建議我們帶小娪去兒童心智科做鑑定。

在鑑定報告還沒出來前，我和太太因爲愛之深責之切，對於小

婗的學習成果有所期待，所以在指導功課時，若遇到小婗不會回答，或教了好幾次都還學不會時，在情緒上有時會無法控制得宜，曾大聲地斥責常常分心的小婗，甚至會因生氣而拍桌。有次恰巧我經過書房時，剛好看到太太很生氣的說：「都教過好幾次了，這麼簡單妳爲什麼不會？剛剛就會現在爲什麼又不會了？」見小婗低頭不語，我頓時覺得很心疼。不禁心想，其實在教養時最大的矛盾，不是在於爸媽「是否指責」，而是在於「如何指責」，「指責」是負面詞，而「引導」則是正面的。

面對疼惜的孩子做錯事，爸媽雖是成年人，但也難以控制情緒，很容易讓壞情緒主導了教導孩子的行爲。我們每一個人都懂得指出別人的錯處，但教導孩子時，「責」便成了一門高深的學問。「責」從來不是爸媽帶著負面情緒、失控的謾罵，或是做做表面功夫罵兩句，擺出一副「我已懲罰孩子了」的姿態，然後幫孩子善後；眞正能夠幫助孩子成長的「責」，其實是心平氣和的引導，首先要讓孩子看清楚自己是哪裡出錯，帶領他面對該學的一課，這時候，縱然我們很惱怒，但靜下心來，不帶情緒的聆聽尤其重要。

孩子明白是哪裡出錯後，下一步還要承擔責任，爲過錯付出代價，而不是由爸媽善後，過於受保護的孩子是不懂得感恩與成長的。但一定要讓孩子確切感受到，在改進的過程中，爸媽會無條件陪伴和支持，「愛」與「責」不可或缺，孩子才能眞正明白我們的苛責是基於愛，才能眞正體會到「愛之深，責之切」的意義。雖然我懂得這些道理，但我在聽見太太生氣的對小娓說的這段話之後，我突然間愣住了。或許小娓是眞的有問題？不會吧？這個問句一直到鑑定報告出爐前，都一直在我的腦海中打轉。

變調的樂章：鑑定結果的確認「是」

最怕空氣突然安靜，教學醫院心智科醫生的一句話，讓空氣瞬間凝結：「嚴爸爸，你的小孩有注意力不足過動症ADHD（Attention

Deficit／Hyperactivity Disorder），這個症狀通常會伴隨著學習障礙的狀況。」、「ADHD是什麼？」我急忙問道。醫生解釋：「過動症是常見的兒童神經發展疾患，學齡期兒童中有約百分之五到百分之八受到影響。這個障礙症是源自腦部前額葉及皮質下腦區和腦部多個區域的局部和連結功能異常，造成孩子不專心、組織計畫能力不佳、衝動、坐不住，以及情緒和動作的控制失調，其所導致的影響層面包括學習、人際互動、社會生活功能，甚至自尊。」醫生接著說：「ADHD主要的症狀表現分爲三種型態：注意力不足型、過動衝動型以及合併型。」

「ADHD會痊癒嗎？」我和太太不停的問著，醫生的話讓我的腦袋當機很久，腦中跑過很多畫面，太太甚至問醫生：「這是智能不足嗎？」醫生看到我們緊張的樣子，先安撫我們的情緒，然後拿出一些衛教資料，並且告訴我接下來該怎麼做，而且還要再進一步的做些測驗和檢查，確定ADHD是屬於哪一種類型。

天啊！我都還沒弄清楚醫生講的是什麼，就追問著：「那要怎麼治療？」醫生針對小娓過動症的問題詢問我們要不要讓她吃藥，醫生說這些藥是可以幫助她穩定，集中注意力，幫助提升學習成績，我記得當時只問了一句話：「吃這個藥會不會有什麼副作用？」醫生給的答案是食慾不振，可能會比較瘦弱，接下來我更聽不進醫生的任何話，我跟太太對看了一眼，就回答：「我們不接受用藥。」接著就像洩氣的皮球，很沮喪地帶著小娓回家。接下來的幾個月，分別請學校、醫院、安親班、陪伴者等幫忙填許多問卷，問卷的內容是對小娓學習效果上的評估，最後確定小娓是屬於學習障礙中的「閱讀障礙」。

在確定小娓為閱讀障礙之後，家中的氣氛變得非常不好，尤其是我的爸爸與媽媽，完全沒辦法接受他們的金孫是有障礙的，反過來數落我們夫妻道聽塗說，一直強調小娓只是不愛讀書，根本沒什麼毛病，而且還說出大隻雞晚啼這個道理，說長大就會好了，甚至舉了很

多人的例子，說什麼村裡的誰小時候看起來很笨，長大之後成績就變很好，甚至還考上醫學系當醫生。

我一方面要安撫爸爸、媽媽和太太的情緒，另一方面要接受自己的孩子有學習障礙的事實，眞的是天人交戰，壓力大到無法呼吸，甚至還要裝作若無其事來隱藏內心的恐懼。同時我也一直在找相關資料，至少對這個症狀要有所瞭解，尋求最好的因應之道，最後所得到的訊息是：「學習障礙」統稱神經心理功能異常而顯現出注意、記憶、理解、知覺、知覺動作、推理等能力有問題，所以在聽、說、讀、寫或算等學習上有顯著困難者；其障礙並非因感官、智能、情緒等障礙因素或文化刺激不足、教學不當等環境因素所直接造成之結果（教育部，2013）。以上的訊息，似乎宣告了小婗日後將會走上一條困難的學習之路。

新的挑戰：診斷後的衝擊

我可以接受我的孩子成績不好，但我不希望她在成長的過程中身體受到傷害，所以選擇了不讓小婗吃藥，即便知道小婗的學習成績有可能低落，但人生中很多事情都需要選擇，不斷地選擇。對於當初的選擇，對照今日的結果，至今回想起來我從來沒有後悔過，而接下來我也因爲這個選擇，付出很多時間在孩子身上。既然選擇了不用藥，就要有不用藥的對策與方式來幫助小婗學習，除了跳舞、畫畫之外，醫生推薦了感覺統合的課程，我們夫妻也利用假日探訪了很多機構，最後選擇了在高雄市中央公園捷運站附近的感覺統合課程，個案指導老師是旬老師，因爲姓氏很特別，所以我記憶很深刻，十五年前感覺統合的課一堂要一千元，課程包括兩點畫直線、兩手拍球、走平衡木、畫對稱圖形等。

由於小婗的感覺統合課程是在平日下午，所以我就請我的爸爸與媽媽帶她去上課，小婗去上感覺統合課的時候，他們就在中央公園運動閒晃。有天，因爲小婗比較晚下課，我的爸媽就好奇的去探視她到底在上什麼樣的課程，結果讓他們看見在上感覺統合課的孩子們，有很多是肢體有障礙或殘缺的，甚至還有腦性麻痺的孩子，相較於沒有外顯障礙表徵的小婗有著強烈的對比，讓我的爸媽心情非常難受，他們的金孫怎麼可能會在這種地方跟這些人一起上課。當天回家後就跟我鬧翻，並強制我不能再帶小孩子去上感覺統合課，因爲他們的金孫小婗沒毛病，根本不需要去上什麼課，還罵我說有毛病的是我。

就這樣，小婗結束了短短的兩個多月的感覺統合課程，接下來的家庭氣氛就更僵了，我的爸媽一直認爲我是爲了小孩子的成績，而逼她上很多課，根本不接受閱讀障礙這個鑑定結果。在幾個月中，我讀遍非常多有關閱讀障礙的資料，甚至參加了很多閱讀障礙講座及臉書的社團，也跟有閱讀障礙孩子的爸媽交流，我們最常互相安慰的是：「許多名人、明星也都有閱讀障礙。」終究他們都能成功了，但我的小孩才剛開始。說實話，安慰歸安慰，我心裡還是很慌的。

我相信有閱讀障礙孩子的爸媽們，很多人都有看過印度電影《心中的小星星》，認爲自己的孩子總有一天，一定會像電影中的小男孩般成功的走出來。這部《心中的小星星》是講述一位患有學習障礙的八歲孩子，在遇到覺察出他在學習上掙扎的老師後，在老師的陪伴和引領下成長的故事，是一部談及教育本質的電影。「每一個天資獨特的孩子，都需要一個懂他的老師」，這是電影裡所傳達出來的核心信念，故事裡的小男生是一位讓爸媽與老師頭痛不已的小男生，成績上的不如意成了老師與同學取笑的對象，也讓其對課業失去了興趣。我覺得我們的社會刻板印象是，當學生在學科表現差又破壞學校秩序時，此「反常」行爲經常與「學習態度差」畫上等號，而學生長時間學習低落的表現，更會被學校視爲可能是「不正常的」。我認爲孩子的成長需要家人的陪伴，每個小孩都有獨特的才能與夢想，家人是最好的支持系統，大人不應強迫小孩接受大人期待的包袱，當孩子在失意時，切勿一味的苛責，更應伸出手，給予溫暖的擁抱。

新生命的誕生有如迎接新春，但對家有身心障礙孩子的家庭而

言，反覆的擔憂與奔波，卻更讓他們像是處在酷熱的夏天，隨著時間一長，便進入了無生機的秋冬，怎麼盼都盼不到春天，孩子甚至不可能有完全康復的一天。這些孩子的爸媽肩負親職、經濟等重擔，該如何踏出一步，尋找讓自己喘口氣的空間，都是新的課題。過去三年來新冠肺炎疫情的肆虐，人們逐漸熟悉「確診」一詞，一旦感染就要隔離，所有人都人心惶惶。但對許多身心障礙的家庭來說，孩子可能一出生，甚至學齡前便「確診」注意力不足過動症、腦性麻痺、發展遲緩等疾病，他們的隔離期才是眞正遙遙無期，身心障礙家庭所面臨的困難，往往十分現實且殘酷，尤其是孩子進入校園後，所面臨到的是一些無法控制的場面，甚至與同學發生衝突，對方家長也不見得願意理解，這才是一切痛苦的開始。

父職的承擔：夫妻間的平衡與調適

隨著小媲的年紀愈來愈大，學校功課也愈來愈多，伴隨成績愈來愈差，指導她功課的壓力也愈來愈大，原本我與太太會互相輪替的幫小婗指導功課，但隨著各科的功課愈來愈難，小婗的反應與反饋也就越來越差，伴隨著太太愛之深責之切的心，所以在情緒上比較難以控制得宜，有期待就會有傷害，爲避免太太與小婗雙方因爲學習上有所衝突，經過與太太充分的溝通，我們做了分工，太太負責小婗生活上的照顧，教導功課的工作全部由我來承擔，太太從此在小婗的學習過程中完全抽離，我想這樣的分工對小婗和太太才是好的，至少小孩子在學習上比較沒有壓力，而太太也不會因爲教導的過程中產生情緒壓抑甚至憂鬱。

其實我們在教導孩子而情緒失控前，有沒有自己先想一想：「孩子是眞的有做錯事嗎？或只是自己情緒化的謾罵？」有時候我們自認的「教」孩子，其實是因爲孩子沒有符合自己的期望而「發脾氣」，而不是具教育意義的指責。例如，孩子動作慢就會催促「動作快一點！」但眞的是孩子動作太慢，還是孩子做事情的速度沒有符合我們

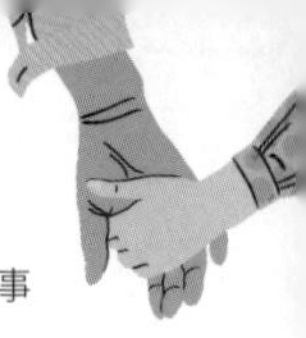

的期望呢？其實太太是非常喜歡小孩，也是非常疼愛小孩的，從小婗出生開始就無微不至的照顧，永遠給她最好的食物與衣著，但唯獨在教育孩子功課這一個區塊，總是無法控制自己的情緒，我想應該是太愛小孩所以物極必反。

我認爲在小孩的世界裡，爸媽就是他們的一切，他們的生活所需、情感的依附、對人的信任感完全依賴著爸媽的供給；如果他們唯一的依靠因爲生氣而責罵他們、打他們，對他們心靈的傷害是非常的大。爸媽要做到對孩子完全不生氣幾乎是不可能，但是我們必須要找出正確的表達方法，不要讓一時的怒氣使我們做出會讓自己後悔的事情，爲人爸媽眞的並不是一件簡單的事，我們很需要跟著小孩一起學習，一起成長。

阿嬤的神農志工

小婗在國小五年級的時候，我的媽媽突然間說要去學校擔任神農志工，神農志工的工作，就是要整理藥用植物園裡面的植物，修剪枯葉和澆水。一開始我並不知道爲何媽媽要去接這個工作，經過我一再的追問才知道，原來小娩在學校早上的打掃工作是洗廁所，因爲小娩已經有好幾天都把衣服弄濕了，阿嬤很心疼，也怕小娩因此著涼，所以就利用擔任神農志工的時間，去幫小娩去打掃廁所。

其實，我聽到媽媽是因爲這個原因才去擔任神農志工，我很錯愕也很不能認同，不能認同的不是不讓媽媽去整理藥用植物園，而是不可以幫小娩打掃廁所。俗語說得好，「給他魚吃，不如教他如何釣魚」，正確的是應該教小娩，如何正確地打掃才不會弄濕衣服、如何才可以把廁所打掃乾淨，而不是直接幫她打掃才對。

我在陪伴小娩的過程，常常會有很多的教養方式，與我的爸媽產生分歧、產生拉扯，他們常常會對我說：「哎呀！你不懂啦！我當時就是這樣把你和妳姊姊帶大的，你們不也一樣長得好好的。」說實在的，有時候我也找不到什麼理由可以反駁，所以當下只能選擇暫時的

沉默，事後再找時間慢慢跟他們溝通，有時候會不歡而散，有時候他們會默默的接受，這種戲碼幾乎每個星期都會上演。

小妮的造型師及生活導師

小妮從小就長得很可愛，我的太太常常把她打扮得漂漂亮亮的，帶著她出門玩耍、參加聚會，每一句「哇~好可愛喔！」都能讓太太感到無比的開心，因此每一季有新衣服、新鞋穿，這成了小妮的日常。太太每天都會幫女兒綁頭髮，其實小妮對綁頭髮會有所期待，如果太太能幫小妮綁出花巧的髮型，會讓她感到驕傲，太太也趁綁頭髮的時間給女兒一些貼心的小叮嚀或約定，如：「多喝水，皮膚會更漂亮噢」、「有禮貌的小孩最可愛呢」、「如果乖乖聽話媽媽再幫你綁辮子」等。

雖然太太在教學、教導上完全的抽離，但生活上的陪伴是不缺席的，舉凡有關小妮的活動，她跟小妮都會精心打扮盛裝出席。太太對於公婆也就是我的爸媽也是非常的孝順，每天嘘寒問暖不曾少，假日也會帶他們去吃飯或出遊，當然還有對我的支持，無論在工作上或生活上。太太對於小娩的愛也不是溺愛，有時對生活上的要求還挺嚴格的，例如：穿著打扮、生活習慣等等，偶而小娩也會跑來跟我訴苦取暖，說：「媽媽好兇。」我都會開導小娩，「媽媽兇妳是爲妳好，妳一定是有做錯事，媽媽是希望妳能做好啊！」我常常要扮演她們母女的和事佬，化解母女間的小衝突。

橡皮擦阿公

因爲國小階段的小娩長得很可愛，常常綁著兩根辮子去上學，同學們都很愛跟她玩。有一天，小娩回來跟我的爸爸說：「阿公，我的橡皮擦不見了。」於是我爸爸就立刻騎摩托車，去幫小娩再買一個。過沒幾天小娩的橡皮擦又不見了，我的爸爸又會再去買，後來因爲橡皮擦常常不見，我的爸爸乾脆買一大盒，裡面有三十塊橡皮擦，然後

對著小娓說：「橡皮擦不見沒關係，這裡有一大盒，來這裡拿。」我爸爸處理橡皮擦不見的方式，我不太能認同，我覺得應該是教會小娓，如何保護自己的東西，另外，橡皮擦不見的速度其實是非常不尋常的，這之中是不是有人惡作劇，或故意拿走她的橡皮擦，是需要調查清楚、詢問老師的。

我想瞭解橡皮擦常常不見的來龍去脈，於是我問小娓：「妳什麼時候發現橡皮擦不見？妳有拿出來用過嗎？還是沒收好掉在地上？妳有在座位附近的地上找過嗎？」一連串的問題讓小娓有一點招架不住，有時候搖頭，有時候說不知道，於是我跟她說：「如果橡皮擦再不見，就不讓妳帶橡皮擦去學校了。」就這樣過了一個禮拜，橡皮擦完好如初，之後也都沒有不見了。事後才知道，原來是同學跟小娓借，她就送給同學，後來其他同學直接向她要，她不懂得拒絕，就會直接送。所以當我規定，如果再把橡皮擦送給同學，她自己就會沒有橡皮擦，她便學會很認真的保護她的橡皮擦。我給孩子正確觀念，而不是一味的供給和保護。

圓缺了一角：超人爸爸的離世

正當一切都慢慢步入軌道時，衝擊家庭的噩耗突然發生。我的爸爸，檢查出腎臟癌末期，要立即開刀治療，我就這樣開始了公司、小娩學校和醫院三邊跑的日子。因爲爸爸的主治醫生告訴我，依爸爸的病情看來，存活率不會超過一年，於是我就計畫把握這一年的時間好好陪爸爸度過。因爲我的爸爸很愛面子，風流倜儻的他，應該沒有辦法接受他自己生病即將離開人世的事實，所以我選擇隱匿他的病情，特別囑咐醫院及主治醫生和護理師們，千萬不要告訴我爸爸他得了癌症。我只告訴爸爸他的腎臟有腫瘤，是良性的，只要切除就好。因爲癌細胞有移轉到腦部，必須開刀清除，我們選擇了自費伽碼刀（雷射），這樣可以不掀開頭蓋骨，復原也較快，開刀治療後的三個月後，爸爸就跟健康時沒有兩樣，恢復得非常好。

因爸爸生病，媽媽顯得非常憂鬱，而且不能接受爸爸將不久於人世的事實，所以安撫媽媽的情緒，比照顧爸爸的病情一樣重要，我跟媽媽說：「如果你每天這樣不開心，會影響爸爸的病情，爲了爸爸好，妳要跟以前一樣，該吵架就吵架，該怎麼做就怎麼做，不要讓爸爸懷疑我們爲什麼處處讓著他，恢復日常生活才是最好的治療。」就這樣日子一天一天過，除了每三個月帶爸爸回診之外，我們家的生活跟爸爸生病前沒有兩樣，爸爸恢復帶小娩四處趴趴走，偶爾帶媽媽出去晃晃的日子，全家過得非常的愜意。

但一年過後，爸爸的身體就很明顯的每況愈下，離開的前半年幾乎都在跑醫院。最後，在罹癌後的一年十一個月離開了我們。從爸爸生病開始，我們也很明確的知道他所剩的日子有多少，經過一年多的調適，我們都以爲經過這些日子我們都準備好了，可是當爸爸從醫院回到家中，拔掉氧氣機的那一瞬間直到心跳停止，我們都慌了，原來我們都沒有準備好，我們是多麼的習慣跟依賴爸爸的存在。垃圾沒有人倒了、東西壞了沒有人修了、沒有人跟媽媽頂嘴了、沒有豪邁的笑聲了、沒有人帶婉出去玩了，家裡少的不只是一個人，很像一個圓缺了一角而不完整了。瞬間我代替了爸爸的位置，成為家中唯一的男人，我要堅強，我不能倒，畢竟還有媽媽需要我的照顧，從此我要扛起照顧家的重責大任。

爸爸離開我們的時候，小婉才小學五年級，爸爸的離開對小婉的衝擊很大，對她來說我們家裡每一個人，都有其意義跟功能，我的媽媽是負責吃的，太太是負責買衣服，我是負責教功課、而我的爸爸是無所不能的超人、是魔術師、是司機、是她的玩伴。印象中送走爸爸的過程，小婉沒有太多哭泣，她選擇了封閉自己，選擇對阿公思念的逃避，選擇忘記阿公，就在那時候我正式接替了我爸爸的位置，小婉把所有對我爸爸的情感投射在我身上，也因此特別的黏我，我成為了小婉的好朋友。

同學的霸凌與漠視：娓的國中生涯

國中階段，小娓有著身心障礙資格，加上1997年《特殊教育法》修法，讓特殊生在普通班能接受特殊教育服務。特殊生與一般生共同生活、學習的「融合教育」推動，所以小娓在國小階段，在學校還是有著正常的課程學習。至2011年，高雄市國民教育身心障礙分散式資源班班群編班／區段排課實施要點，因應身心障礙學生不同的能力需求，實施分散式資源班（以下簡稱資源班）完全抽離排課，以達到個別化教學目標，因此，娓兒有了國小階段的鑑定資料，就開啟了國中進入「資源班」的課程。此時，正式展開我的陪伴學習之路。

有了國小階段的鑑定資料，小娓國一開始便進入了資源班，我的陪伴學習之路也正式展開。國中開學第一週，她在原來的班級和同學一起翻開課本，總是兩眼放空呆坐著，就像個被安置在教室裡的局外人，她的程度宛如小學低年級生一般，和國中生的學習格格不入。由於聽不懂，上課時就會精神不集中，永遠處在狀況外，該寫的作業、該交的報告、該考的測驗，總是丟三落四，但她卻不知道自己是什麼狀況，也不擔心，憨憨慢慢，無關緊要。課堂參與度差，存在感低，在同學眼中，她的學習障礙是一種特權，是她又笨又懶的藉口，因爲漏抄聯絡簿，所以東西常常忘了帶、功課沒寫、或是缺交！同班愛鬧的男生明著嘲弄，拐彎譏諷小婗是「國家認證的白痴」！小婗幾乎沒有朋友，團體中的表現實在不好，大家並不覺得自己的言行有歧視之意，同學看不慣她、覺得小婗很混且不合群，憑什麼有些事她可以例外，或是享有額外專屬的特權。

對於國中階段學生的頑皮，還有青春期的個性轉變，讓我們父女吃了不少苦頭。由於「資源班」的標籤，小婗成爲同學口中的「笨蛋」，因爲主要科目是抽離上課，所以小婗常不在原班教室，因此許多分組都沒有人願意和她同組，留下有問題的和一些不受歡迎的同學湊在一組，她要面對同學時不時的言語霸凌，甚至有些老師的排擠，常常讓小婗上學時以淚洗面。聯絡簿常出現的就是老師寫她今天在學

校又哭了，老師甚至不問原因地認爲是因爲小娘不合群、或開不起玩笑，而我又不能三天兩頭的往學校跑，我想保護她但又不能每次出手幫她，每天看著她放學不開心的樣子，眞的很難過，但爸媽畢竟不可能隨時保護與照顧自己的孩子一輩子，所以面對同學的言語霸凌，與其一味教小孩的漠視，不如學習正面的看待，讓孩子藉著這些機會，轉變成一次面對衝突與反應的機會教育。所以我就做好預防發生的心態，和她一起模擬同學的各種霸凌語言，演練在事發當下正確的處置流程，讓事情發生的時候，讓她感覺到早有準備應對策略的安全感。

每天小娘放學回來，我會主動跟她聊天，問一問今天同學有什麼欺負她的新招式。一開始小娘會支支吾吾不太敢說，後來她會侃侃而談的跟我分享，甚至會說：「爸爸你好厲害！他們眞的這樣嘲笑我，我也照你的方式去回答他們，他們就沒說什麼了！」雖然聽到的是女兒被欺負，但怎麼心裡卻有一點點的小開心，至少我的方法讓女兒不再那麼受傷，不再那麼害怕面對欺負她的同學。

國中一年級結束後，我便想到了可以進一步保護小婗的方法，就是競選家長會長。這個方法雖然很可笑，但我心裡想：「學校應該多少會給個面子吧！至少會對婗多一份關心吧？」因此小婗在升上國二的時候，我先跟班導師表達我想進入家長會的意願，於是我就先成爲班級代表，然後順利進入家長會。第一次開家長會的時候，我就當選家長會副會長，隔年小婗國三的時候，也如願當選家長會會長。果不其然，在我開始進入家長會的那一年起，在學校的特別關照下，所有的霸凌和歧視都慢慢不見了，小婗也開始可以開心地去上學。

在擔任家長會副會長期間，我不斷與學校師長們討論著「資源班」的班級名稱，「資源班」是特殊生及家長們最害怕的標籤，會造成同儕間的異樣眼光及對待，讓人感受到這些特殊生如同資源回收一樣，放在同一類，給予回收再利用，在這過程中，有些家長因爲孩子在校進入資源班，面對同儕壓力及不對等的對待，而不得不聽從孩子們的意願，放棄資源班的安置，這些都讓我感到心疼。

雖然這些討論結果，無法改變現今法條規定的命名，但至少在學校的師長們，聽到來自學校家長會副會長一我這位特殊生爸爸的發聲，明顯感受到需要多關照小娓，並對在校資源班的孩童給予更多的包容及責任，這就是我爲何一定要在這個重要時間點擔任家長會的會長。因爲只有強壯自己，才能讓人看到堅強的我，小娓是特殊生，爸爸除了保護女兒，也要讓她能在正規的環境下長大，學會保護自己及生存的技能。

人生一張零分考卷：我是娓的眼

很開心地去上學，不代表成績會有所進步，在小娓國中三年級第一次月考後，我接到小娓導師打來的電話，老師說：「嚴爸爸，小娓今天放學回去後要安慰她一下，她今天數學考零分。」這不是小娓第一次考不及格，但這是小娓第一次考零分，我沒有太大的驚訝，反而鬆了一口氣，心想這一天終於到來了。小娓回到家後，我沒有提考卷的事，只淡淡的說考不好下次再努力，睡覺前我告訴娩，很多事情比分數更重要，例如做人的人品，也告訴她行行出狀元的道理，她眼眶紅紅的點點頭，就告訴我她今天數學考了零分，我說我知道。當小娩轉身離去時，我的眼眶也紅了，我心裡吶喊著：「孩子妳要勇敢，不然沒人替妳堅強！」

接下來的日子，我就扮演小娩的眼睛，每一科、每一句都得念給她聽，幫她複習每天的功課，協助她完成每一份作業，我成爲她的書僮。有時候我工作累了，在她寫作業的時候會偷偷瞇一下，她也會替我把風，在媽媽上樓來的時候叫醒我，我們建立了深厚的革命情感。如果考試成績好，我們就有一頓大餐可以享用，如果考不好，我們兩個皮就得繃緊準備被唸。所以我常開玩笑的對小娩說：「妳不要害我！」和一般生在一起上課的學習障礙生，要怎麼才能分辨是懶散和有障礙呢？是做不到或是不想做？因長期失去自信心的自我否定及自我侷限，的確容易讓這樣的學生，產生不學習及學不來也無妨的消極

心理。因此我便開始和老師溝通，量身訂做小娩適用的作業標準，每一科的方式跟進度都不一樣，每天都要做，直到完成爲止。我希望能改變小娩的態度，協助她建立學習的動機和信心，每天都必須花加倍的時間，一對一盯著她、督促她、協助她。

我知道在一個班級二、三十人的課堂上，老師無法顧及小娩的特殊需要，一整天的課堂上，她多半處於半閒置狀態，因此，若小娩沒有自我提升的意識，不試著邁開步伐，累積所學、擴充能力，所謂的國民教育，亦是生命無意義的荒廢蹉跎，我甚至想過要爲小娩申請在家自學，但礙於法規和現實生活的不允許，我只能竭盡所能的用我自己的方式來幫助她。

被忽視習慣了，總是達不到班級老師的要求，造成小娩開始有些懶散拖延，甚至做起事來漫不經心。我語重心長地告訴小娩：「學不會是一回事，不想學又是一回事！別把自己當笨蛋，那麼的無所謂，別人可以看不起妳，爲什麼妳自己要看不起自己！」她察覺我認眞嚴肅的態度，不敢再隨便應付。小婗很多國字會寫錯，上下左右常顚倒，到了國中階段，有時候自己的名字還會寫錯，常常一小時寫不到三行字，對著週記本發呆。她說：「想不出要寫什麼。」我就鼓勵她：「想到什麼就寫什麼。國字不會就寫注音，用畫的也行。」我會要求她寫在草稿紙，然後我再陪著她一起修改，最後再讓她重新寫在作業本和聯絡簿上。

「學習障礙」是什麼？「閱讀障礙」又是什麼？我在網路上蒐集到一些資料，包含它與智力無關，是腦神經結構和功能的問題，使他們產生學習困難的現象等。小婗就讀國中時，我第一次參加學校的班親會，除了資源班老師之外，我希望導師能更瞭解婗的狀態。我便向班級導師詳細的報告，小婗是閱讀障礙的孩子，希望國中老師能對這個孩子多一點關心，多一份認識，除了降低課業的要求標準之外，希望老師能協助她開啟另一扇窗，讓她可以快樂的學習，我語詞懇切，深刻期盼老師能體會我對孩子的愛。

接著我參加小婗的個別化教育計畫（IEP）會議，參加人員有輔導室人員、資源班老師、特教班老師與融合教育的老師。資源班老師書面資料完整，並針對個案與導師們進行意見交流，每個資源班的老師教學認眞專業又富有愛心，令我非常讚賞與感謝。不是每個孩子都是英才，良師要能以同理心看待這些身心障礙的孩子，不要放棄孩子。我認爲教師除了精進本身的教學輔導知能外，融合教育的老師與家長、資源班和特殊班平時的溝通聯繫相當重要，共同觀察與思考這些孩子的學習與生活狀況，例如孩子的人際互動與學習等是否有所進步，並思考我們還可以做些什麼來幫助他們。

在參與學校IEP會議的過程中，讓我深感教育最重要的是孔子說的「因材施教、有教無類」，IEP適性化教學的目的，正是因爲學校不是工廠，學生也不是製品，顯然教師不宜採用類似工廠的標準化作業程序，進行一體適用的標準化教學，因爲這種方式很難顧及到學生個別差異。而瞭解學生的個別差異和需求，彈性調整教學內容、進度和評量方式，以提升學生學習效果，是一位有效能的教師必須具有專業的素養，但課程進度、成績壓力、繁瑣的班級事務壓得老師們喘不過氣來，讓老師們身心俱疲無法停下腳步耐心等待，對於那些學習落後的孩子，差異化教學就是有效能教師經常運用的方法之一，而且不侷限於學習落後的孩子。

所謂差異化教學，就是讓教師教學與學生學習能夠產生有效的連結。在每個班級中，不同學生不僅是有社經和家庭背景差異，而且在認知能力、背景知識和學習偏好也不一樣，透過差異化教學，可以符合所有學生的學習需求。所以，差異化教學是針對不同能力學生所採取的教與學的過程，配合每一個學生需求，強化每一個學生的成長和個別的成功，而不是期望學生們調整自己來配合課程，即使每天學到的只有一點點，就代表了有一點點的進步，我期望小婗能在差異化教學中持續進步。

有一天，一則網路新聞吸引了我的目光，標題是「國中畢業門檻

提高！逾萬國中生拿不到畢業證書」，在看到此篇報導之前，從來沒聽過有人國中畢不了業，原來當時台灣國中小畢業門檻經過調整，七大學習領域中，要有四大領域及格才能拿到畢業證書。經報導，當時的統計約百分之五，一萬多個國中生因此項規定而拿不到畢業證書。國中階段有語文、數學、自然、社會、健康與體育、藝術與人文及綜合七大學習領域，過去的學生只要有三個領域及格就可畢業，但因應十二年國教實施，爲避免學生學力下降，新制改採要四個學習領域及格才能畢業，才第一年實施，就有一萬多名國中生未達標，拿不到畢業證書，所以教育部預估，每一屆都仍有約一萬多名國中生無法達到四個領域及格。

由於國民義務教育延長到十二年，因此國中有沒有畢業變得不再那麼重要，只要有註冊繳學費，並修業滿三年，就可以拿到肄業證書，也就是可以拿肄業證書，用同等學歷去就讀高中，所以很多人完全不在乎國中有沒有拿到畢業證書，但對我來說，這一張畢業證書對小婉非常重要，因此時任家長會長的我，建議校長對於這些未達及格標準的學生，能提供補考的機會，並且通知家長要注意自己的孩子有可能達不到畢業標準。就因爲如此的作法，小婗國中畢業那一年，全校的學生都拿到畢業證書。因爲我的信念是，這是學生人生中第一個關卡，不能就這樣失敗了，所以我努力堅持要讓小婗拿到國中畢業證書。

生命總會自己找到出口　絕地重生

我們的夢，在滑落的淚光中閃動
我們的夢，給我們的不只是感動
我們的夢，已走過了無數個寒冬
我們的夢，就在這一刻與你相擁
就在這一刻實現我們的夢
我們還有夢

（詞：海生，2017）

面對小婉高中的升學，我計畫幫小婉選定在太太建工路娘家附近的高雄市私立樹德高級家事商業職業學校。我認爲小婉直接住在太太的娘家，這樣上學也比較方便，後來我甚至在樹德家商對面買了一間兩房的房子，可以讓小婉更方便上學，但這時出現了小婉生命中另一位的貴人，就是小婉國中資源班的惠美老師。她建議我們可以考慮讓小婉用特殊生管道升學，只要再通過一次身心障礙鑑定，就可以符合身心障礙學生升學輔導辦法，入學各校之名額採外加方式辦理，不占各級主管教育行政機關原核定各校（系、科）招生名額。也就是說小婉可以不用和一般生競爭，就有機會就讀公立的學校。

經過資源班老師的申請與安排，我們與特殊教育學生鑑定及就學輔導會進行了鑑定的視訊，因爲小婉確實有學習及閱讀上的障礙，經過鑑輔會專員及專業的教授三方確認後，發給小婉高中階段適用的身心障礙鑑定證明，有了這份證明文件，惠美老師開始指導小婉準備備審資料，我也加入一起收集資料。書面備審資料由我來準備是完全沒問題的，但重點是書審通過之後還有面試的關卡，面試那一個階段，我就幫不了小娩，只能靠她自己去面對，由於我和小娩完全沒有面試的經驗，加上小娩面對陌生人是會恐懼的，所以開始模擬面試的場景，特別是針對備審資料的內容準備更加重要。

我們申請的是高雄市立三民高級家事商業職業學校觀光科，因爲三民家商可以搭捷運上下課，小娩喜歡旅遊和搭遊覽車，所以選了觀光科，但是因爲面試時太過緊張而表現不佳，最終落榜收場。落榜後小娩哭了很久，我安慰她一次失敗不算什麼，我們應該更努力的去準備第二輪的面試，因爲惠美老師說，如果第一輪沒有招滿，還會有第二輪的機會。兩個星期後，惠美老師就通知我們第二輪面試的時間，這一次是開放家長可以陪同的。面試當天，我和小娩進入面試教室，面試委員簡單問幾個問題後，就詢問我們要就讀的學校及科系，這時候黑板上列出所有還有空缺名額的學校及科系，有高雄市立高雄女子高級中學、高雄市立高雄高級商業職業學校等，皆是大家心目中第一志願的學校，當時心裡確實有點心動想選高雄女中，但想到小娩的狀況後，就立刻打消念頭。

回過神來，三民家商觀光科已經額滿，因爲一心想就讀三民家商，所以就看三民家商還有甚麼科系，最後我們選擇了三民家商綜合科，因爲綜合科是一年級時上普通科，二年級可以選自己想要的科系學程，到時候就可以進入觀光科，就這樣，小娩錄取了三民家商綜合科，完成了我們父女第一個不可能的任務。當下我心中吶喊著爸爸：「您的金孫小娩考上市立高中了。」我和小娩回到家中，我的太太和媽媽得知好消息都無比的激動，我的媽媽流下眼淚，抱著小娩說：「阿孫ㄟ！金架系大隻雞晚啼！」（註：台語。意卽「孫女，眞是大器晚成」），太太雖然不發一語，但也紅著眼眶，我看得出她的喜悅及壓力的釋放的心情。

小娩國中畢業典禮的那一天，因爲我擔任家長會會長，所以在台上頒發每個獎項，看到八九成的學生都有上台領獎，除了學業成績優異外，還有服務獎項，所以一班裡只有幾個人沒領到獎，我們家的小婗是其中一位，畢業典禮結束後回到家，她問我：「如何才可以上台領獎？」我回答：「成績優異或者是表現優良。」她沉默了。我再說：「還有『全勤獎』，這是唯一妳可以靠自己得到的一個獎。」她笑了，並且說：「我高中一定要得到全勤獎。」雖然我嘴巴說支持她，但我心裡覺得不太可能，因爲三年當中不請假、不生病實在太難了！

殘酷的五十九分：不能放棄，爲自己爭取一條活路

小婗就讀三民家商的時候，由於一年級是唸普通科，所以國文、英文、數學、物理、化學、公民全部都要唸，我心想：「天哪！這是我的報應嗎？」因爲這是我當學生時最不想唸的科目，沒想到現在要重來一遍。我跟小婗每天晚上複習功課的時間愈來愈長，加上我白天工作繁忙，常常出現小婗在書桌發呆，我在旁打瞌睡的場景，我想起

在網路上看到的一句話「這是自己選的路，跪著也要走完」，因此我們兩個就互相提醒，互相督促。

隨著課程愈來愈難，說實在的，有些已經超出我可以教的範圍，我第一次思考日否讓小娓去補習班學習，經過了一兩個月的評估，高中一年級下學期，我就幫小娓挑選了一家在高雄火車站前面的補習班，讓小娓在學校放學後，可以自己搭捷運到補習班上課。我下班後，就搭捷運和小娓約在火車站，和她一起吃晚餐，然後一起走到補習班，我再到附近的咖啡廳看書，等小娓下課後一起回家，一整個學期就這樣子度過。原本以爲上了補習班成績會有所好轉或進步，結果並沒有，這一學期的回饋是，小娓知道怎麼買晚餐、買飲料，哪裡的餐點比較好吃等，想想這也是生活上的進步，至於功課只能隨緣了。

高中一年級上學期結束時，小娓的公民被當了，分數是五十九分，我認爲這個分數看起來像是懲罰性的分數，於是我特地去學校請問老師，想瞭解小娓在學校的學習狀況，爲什麼給小娓這個分數，小婗的公民老師就是她的導師，她給我的答案令我非常的錯愕，老師說小婗上課時會打瞌睡，所以學習態度不佳，因此給了五十九分不及格的分數。回到家中，我就問小婗：「上課有沒有睡覺？」小婗很誠實地告訴我：「有。」我繼續問她：「還有其他人也在睡覺嗎？」小婗說大概有十幾個，她是看別人睡，所以才敢睡的，因爲她聽不懂很無聊，所以就跟著睡。我就接著問：「那老師有叫醒在睡覺的同學嗎？」小婗回答：「沒有。」於是我特地請小婗去打聽那些睡覺的同學，公民有沒有被當，答案是：「沒有。」因爲他們考試都有及格。

因爲這個事件，我跟小婗談了許久，我告訴她不是考試及格上課就可以睡覺，何況妳考試又不及格，上課更不應該睡覺，至少要讓老師覺得妳的學習態度是好的，是有努力但還是考不及格，不是不認眞考不及格，至少老師平常分數會給妳高一點，這樣學期平均才有機會及格。並且跟小婗約法三章，不管哪一科、不管聽得懂或聽不懂，上課都不可以睡覺，如此一來自己才可以多少瞭解一些課程的重點，這樣才有機會及格，如果眞的聽不懂想睡覺，就拿一張空白紙，抄課文或畫畫。小娩跟我點點頭，我也相信她能做得到。

我和小娩談過的一個星期後，我再次去拜訪小娩的公民老師，告訴老師小娩下學期開始，上課一定不會再睡覺，如果再發生，就當掉她沒關係，並且希望老師能夠用不同的評分方式，例如給小娩一些作業或任務，來彌補平時分數。感謝老師接受我的提議，願意一起協助小娩。於是小娩在下學期就擔任公民小老師，幫老師收同學的作業和登記分數，一整個學期小娩上課也都沒有打瞌睡，到了學期末就得到了六十分的及格分數。因爲這件事，我就告訴小娩，任何事情都不能放棄，因爲態度決定一切，無論如何都要用態度爲自己爭取一條活路。

高中一年級結束，升二年級的那個暑假，小娩因期末考數學不及格而需要補考，數學老師說會從五百題的歷屆選擇題中出補考試題，於是我就陪小娩用了整整十天的時間，把題目分類，有計畫性的把題目和答案背下來，小娩是閱讀障礙，但對聽力和記性是非常好的，所以在反覆練習後，我有把握小娩應該可以及格，到了補考那一天，小娩回到家裡，我還來不及問她補考的結果，小娩就先對著我笑。我問：「今天數學補考很順利吧？我們背的題目應該都有出，妳都會寫吧？」小娩說：「今天補考時，我一拿到考卷就笑了，因爲全部是塡充題！而且題目有改。」聽到這裡我也笑了，我只能說，謝謝數學老師讓我們父女在這十天的共處中，培養出深厚的革命情感！因爲補考沒過，所以這個暑假就在重修中度過。

綜合高中科要升上二年級之前，學校會安排綜合高中的學生進行學程試探，學生會到各科去參觀，參觀過所有學程後，小娩跟我說她想要讀幼保科，因爲她想成爲幼兒園老師。我聽到她有自己的想法，當然是很開心的，雖然心裡對於他可以成爲一名幼兒園老師不抱任何希望，但是還是支持她朝著夢想前進，因爲我知道作爲一名幼兒教師，不僅要有特別的專業技能，例如唱歌、繪畫、彈琴等專業知識，

還應有豐富的理論知識，而且需要多看一些書籍來豐富自己，這些對小婗來說是非常困難的。

我的堂妹也是一名幼兒園教師，她說做好與家長溝通是非常重要的事，家長把孩子交給幼兒園，老師就要承擔起這份照顧孩子的責任。當孩子在幼兒園不小心跌倒或碰撞，作爲教師就要誠懇的向家長說明情況，請求家長的理解。當無法得到家長的認同時，家長會在情緒激動下說出偏激的話，這是稀鬆平常的事，這時候教師要進行換位思考，理解家長的心情，想想換做是自己的孩子，自己是否也會這樣。當孩子在幼兒園有了進步，教師要及時告訴家長，讓家長和孩子一起分享進步的快樂，所以在幼兒園中，孩子多、家長也多，什麼樣的家長都有，對教師的評價說什麼的都有，這些都是尚未進入職場的的幼保科學生所不知道的事，也是人生及職場上需要面對的事。

因爲小婗的堅定意志，我們家裡，尤其是我的媽媽，大家都很支持她。高二那年，小婗順利地就讀幼保科，這也是她人生最大的轉捩點。不管這是個人偏見還是事實，我覺得幼保科的老師眞的比其他科的老師還要更有愛心，也因爲這樣，小婗在高二開始，變得更有自信，交到許多朋友，同學間也多了互助。也或許大家都長大了，相較高一的不適應，小婗更愛去上學，更愛這所學校。

儘管學校針對特殊生有一些特殊的評分標準，但是有些科目小婗還是沒辦法一次就通過考試，少數科目還是需要補考、甚至暑修，但是有了國中的經驗，我也希望小婗可以拿到高中的畢業證書，因爲當時的狀況對小婗而言，高中或許是她的最高學歷，所以我特別的重視，出席每一次的班親會、親師座談會，甚至和小婗就讀國中一樣進到家長會，對學校也是不遺餘力的付出。當時我進入家長會擔任副會長職務，與小婗國中時期，我進入家長會的心境已有些許不同，國中時期的我只想保護小婗，改善她被霸凌的情況，而高中時期是因爲我的孩子在學校受到照顧，基於感恩的心來做回饋。

娊眞的做到了，贏來人生第一個獎

回想小娊在國中畢業典禮後跟我說：「爸爸，我一定要靠自己得到一個獎！」小娊在國中畢業典禮時，在座位上鼓掌了兩個多小時，全班只有五位同學沒有上台領獎，小娊是其中一位！其實在她國中時期，我擔任家長會長，當時校長曾問我要不要頒個獎給我女兒時，我問校長爲什麼？校長尷尬地笑著但沒回答，我說：「是因爲我是會長嗎？如果是這樣，我拒絕，因爲這一點都不光榮，上台靠的是實力，不是靠關係。」

爲了這個全勤獎，小娊的態度和意志很堅定，三年多，一千多個日子要堅持眞的很不容易，要做到不請假、不遲到、還要不能生病。尤其是這三年中，我和太太有幾次出國旅遊的機會，我想帶小娊一起去，特別是有一次安排去美國阿拉斯加看極光，沒想到她毫不考慮地選擇不去旅遊，看得出她堅定的意志。還有一次，小娊高二的時候，她身體不舒服還發燒，學校保健室的護理師勸小娊請假回家，但小娊堅持要等到放學才回家，而且那天她有第八節課，撐到她回家才去看醫生！我女兒雖然不聰明、功課不好，但她很聽話很乖，從就讀幼兒園第一天上課開始，從來沒賴過床，每天早上起床都是開心地去學校上課，因爲我告訴她，準時上下課是學生基本的義務，雖然這點我在求學時沒做好！

小娩高中畢業典禮那天，我們全家都到場觀禮，因爲小娩要上台領獎，這是她人生第一次上台領獎，學校特別安排我上台去頒這個獎項。我特地穿西裝還打了領帶，還因爲太興奮，前一晚失眠了。當我親自把這個獎頒給小娩時，內心非常激動，她接過獎狀後，我拍拍小娩的肩膀說：「妳眞的做到了！」我的淚水在眼眶裡不停的打轉！

高中三年級時，小娩遇到人生中最大的貴人，是當時擔任學校實習處的實習主任。當時主任對我說：「希望小娩平時要多參加社團活動，還有多幫忙服務同學，準備一些資料及經驗，以利豐富升大學時的備審資料。」我沒聽錯吧！小娩可以讀大學！這是我和家人都無

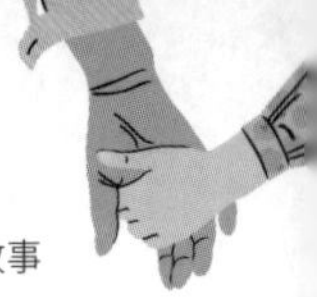

法想像的事。一個小學三年級就被判定爲閱讀障礙的孩子，一路跌跌撞撞的走過國中高中階段，原本以爲公立高中畢業後就可以光宗耀祖了，沒想到現在有機會可以再繼續升學，我的媽媽又重複了那句話：「小婗是大隻雞晚啼啦！」

在實習主任的鼓勵與協助下，我和小婗就開始展開升大學計畫，並記取上次國中升高中面試挫敗的教訓，這一次特別加強面試的自我介紹部分。我先擬好講稿，再讓小婗背熟，每天晚上一直反覆練習到很熟練爲止。學校方面也非常重視參與面試的學生，特別安排了模擬面試，實地請了大學教授擔任模擬面試委員，讓參加面試的學生擁有更具臨場感的練習經驗。大學獨立招生面試前，我們夫妻特地帶小婗去買套裝，表示對面試的重視。雖然小婗把自我介紹背得很熟，不過她在正式面試的時候，還是會緊張，雖然後來順利的地被率取了，小婗在面試後跟我說，她因太緊張，背到一半卡住了，而且腦中一片空白，後半段全忘記了，如果是以前的她，會就此打住而退場，但當天小婗自己要求面試的委員，可不可以讓她重新再講一次，第二次就很順利完成了。眞的很高興，小婗長大了，她已經不會輕易放棄機會，靠自己爭取成功的機會。

在小婗高中畢業典禮後，我特地安排一趟日本旅遊，作爲她的畢業禮物，也彌補她爲了拚全勤獎，多次放棄出國旅遊的機會。在旅程的倒數第二天，是大學放榜的日子，簡章上的說明是會在下午五點之前，在學校的網站上公布錄取名單，我和太太還有小婗三人，中午過後就不停地用手機更新學校的網頁，一直到下午五點，都還沒有看到公佈錄取名單，我們三人有些緊張，除了在飯店裡更新網頁之外，甚麼都不想做。終於在五點十分左右，小婗先看到榜單，大喊：「有了有了！錄取了、錄取了、錄取了！」錄取了我們心目中的第一志願「樹德科技大學兒童與家庭服務系」，我們夫妻和小婗三人，開心地大叫著，然後小婗立卽打電話給在臺灣的阿嬤，告訴她這個好消息，我的媽媽高興得都哭了，我也立刻開車到賣場買了晚餐和很多零食

飲料回飯店慶祝。辛苦了三年終於得到了回報，當時我還對小娩說：「妳是我們家第一個就讀大學的人！我和妳媽媽都只有專科畢業，妳以後是我們家學歷最高的人了。」

重獲新生　展翅高飛

天有多高　請展翅高飛
在藍天白雲裡翺翔交匯
我們是彼此身後堅固的堡壘
尋找大海等待你榮耀回歸
地有多大　一起勇敢去追
眺望人生原來那麼美
讓我們為了明天而乾杯
在每站旅途　留下一段光輝
展翅高飛

（作詞：張暢、胡志敏）

小婗雖然上了大學，擔任書僮的我當然要繼續伴讀、繼續查資料、繼續協助完成報告。至於為什麼把樹德科技大學當成第一志願呢？是因為樹德科技大學對於高中升上來的特殊生，有完善的銜接計畫。開學的第一個星期，我就接到諮商中心的通知，老師和家長會進行第一次的諮商，瞭解個案的狀況，才能加以適性輔導。我聽完老師們的介紹，以及學校的各項安排，對於能幫孩子選擇這所學校相當滿意。

挫敗只有起點，沒有終點：繼續闖關

小婗高中畢業準備進入大學的那一年暑假，我幫小婗報名汽車駕訓班，準備考汽車駕照。為什麼不先考機車駕照而先考汽車駕照呢？我的理由很簡單，因為小婗有閱讀障礙，是無法自己閱讀考古題的，

每一題都要我念給她聽，所以筆試對她來講相當困難，如果先考過汽車駕照再考機車駕照時，就可以免於再次筆試，直接考機車路考，這是當爸爸的我，特別精心考量的點。

當我們第一天去駕訓班上課時，就遇到了瓶頸，因爲我曾未上過駕訓班，故不知道它的訓練流程是怎麼運作。一開始就由教練帶著學員開教練車繞場一周，沒想到不到十分鐘已經繞完一周回到原點，這時候教練突然和學員換位置，直接換學員載教練繞場。雖然副駕駛座有一個輔助煞車，教練也叮嚀學員不要踩油門，只顧方向盤和煞車就好，讓車子緩緩前進，但從來沒有接觸過開車的小娩顯得非常緊張，一直看著在旁邊等的我，說她不會開，我用手勢示意她趕快進去開車，便看著車子緩緩地前進，但不到二十公尺，車子就停下來了，教練再度下車，和小娩換了位置後直接開回來。這時候小娩並沒有下車，教練向我走過來說：「嚴先生，你的女兒一直哭，這樣我沒辦法教，可以先安撫她的情緒嗎？」

我就知道，我心裡擔心的事還是發生了，因爲小娩對陌生環境和陌生人本來就會抗拒，尤其是她又是第一次坐在駕駛座，可想而知她的緊張。我跟教練說：「可以讓我上車陪伴嗎？」教練說：「我們規定除了學員以外，不能有其他人在車上。」我跟教練表明了小娩有特殊生身分之後，教練就同意我坐在後座陪伴。我一上車馬上安撫她的情緒，我說：「不用緊張，爸爸在這裡，妳只要專心聽教練的指示就好。」這時候小娩仍然啜泣著說：「我會害怕，害怕車子撞到旁邊。」我急忙跟小娩解釋：「妳不用害怕，教練那邊也有一個煞車，只要妳不踩油門，都是絕對安全的。」這時候小娩才停止哭泣地回答說：「眞的嗎？」之後就再度換成小娩開車，也緩緩地完成繞場一周的任務，待她情緒漸漸穩定後，我就下車並站在她可以看到的地方等待，我心裡想：如果當時不是我在場、如果不是我很瞭解她，是不是又要再一次的失敗收場了呢？閱讀障礙的孩子沒有外顯障礙，在其他人的視角中是沒有任何異樣的，如果小娩自己不說，自然而然就會被

淘汰，在學校還有師長幫她，出了社會面臨競爭她怎麼辦？我心裡這樣滴咕著。

上完第一節課回到家中，我就問她：「爲什麼會害怕開車？」小婗竟然回答：「因爲電視廣告有一幕是駕訓班的學員撞到安全島，我覺得我也會撞上去，所以害怕！」其實我不太相信這個理由，便用引導式的問句問她：「妳是不是覺得教練很兇？」她點頭，果然不出我所料。我繼續問：「爲什麼妳會怕教練？」她回答：「因爲他說的話我聽不懂，如果我不知道怎麼回答，他就會大聲的講第二次。」原來是如此，因爲駕訓班的教練長期面對新的學員，已經都公式化，所以教練對學員講出來話幾乎都是一樣的，並且希望學員的回饋都是一樣的，如果有學員產生不同的回應，就再一次、再一次地重複，才會造成小婗有這樣子的感受。

在第二次上課前，我們提早到駕訓班和教練溝通，特別先和教練擬定了教學計畫，一樣的十堂課，不一樣的進度要求，讓小婗有時間慢慢消化。所以第二堂下課後，教練就對我比著OK的手勢，稱讚小婗有明顯的進步，小婗也不再害怕上駕訓班的課。每次我們都會提早半小時去上課，下課後也會再多留下來半小時做筆試的模擬測驗。上課前先看考古題，下課後做測驗，隨著次數的增加，分數也慢慢增加，從原本的二、三十分，進步到六、七十分，可是距離及格八十五分還有一段距離，眼看只剩最後的一個星期就要考試了，心裡難免會緊張，於是我就上網去查詢有沒有特殊考場的相關規定，後來確定有聽考的方式，就是可以戴耳機由電腦把試題念出來。聽到這個消息真的振奮人心，於是我們就加緊狂背考古題，我們甚至在沒有練車的時段，也到駕訓班去練習試題。

考試當天，小婗忐忑不安，我在旁邊安撫她說，妳就專心聽題目，所有的題目我都唸過了，妳也都聽過，一定會有印象，不要緊張，一定可以考過。在小婗進去考場之前，我對她比了一個加油的手勢，開始考試後的二十分鐘，陸續有人走出考場，一直到結束前五分

鐘，我還沒有看到小娩的身影，不禁跟著莫名的緊張起來，一直看著手錶，只剩一分鐘了，這時候看到小娩是最後一個走出來的考生，她一出考場就快速地向我跑過來抱住我，興奮地說：「爸爸，我考過了、我考過了，眞的是八十七點五分耶！」因爲我在考試前預估她大概會考這個分數，於是我們父女倆都高興得哭了，雖然只有筆試，但對我們來說，又完成了一件不可能的任務。

上午筆試、下午路考，路考有分兩個場地，一是駕訓班場地內的關卡，另一個是場外實際的道路駕駛，在路考前一天，駕訓班有舉辦模擬考，令我很意外的是小娩竟然一次就通過了，所以我和小娩二人都非常有信心。但隔天到了實際路考的時候，雖然在原場地考，但是來了外面的監考老師，還有監理所派來的監考人員，每一車有四人，其中有三位考生（一位應考，二位在後座觀摩），加上一位監考人員。我心想不妙了，對小娩來說全部都是陌生人，所以我特別安撫了她，不要緊張，把昨晚模擬考的狀態再開一次就好。雖然小娩有點頭，但是我看得出她眼神的無助與惶恐，又看她害怕的背影，心裡很是不捨。

等了半小時，終於輪到她上場，我的心跳好快好快，看她順利過了第一關、又過了第二關，我雙手握拳心裡默念加油，結果就在考S型的時候，車子卡在車道中間出不來，我心想：「沒關係，下次再來！」當車子開回來的時候，小婗在遠遠的地方下車就一直看著我，一直等到走到我身邊的時候，才抱住我放聲大哭：「爸爸，我可不可以不要考駕照了？我不要開車，我可以搭捷運、搭公車就好！」我很堅決的立刻回答：「不可以！」以後開不開車是一回事，考不考過又是另一回事，既然學了，就該考過，這是態度問題，不可以遇到挫折或困難就半途放棄。我一邊安撫小婗，一邊教導她正確的觀念。

一個星期後，我們再次報名第二次路考，小婗也是順利的通過了前一天的模擬考。我想經過第一次經驗，第二次正式考試應該沒什麼問題吧！沒想到第二次結束得更快，車子剛開出去，小婗就因爲太早

轉彎，後輪壓線直接扣三十二分結束了這次路考。隨著第三次都敗下陣，她的信心已經徹底被擊潰，每次看她從車上低著頭走下來，我比任何人都難過，但我只能強忍淚水拍拍她的肩說：「沒關係，盡力就好，只差一點點，再努力一下，下次一定可以！」但我內心卻掙扎地問自己：「還要再考嗎？」「不行，都努力這麼久了，怎能放棄？」我回答我自己。

接下來的日子，我利用假日陪她到附近的空地開車練車感，在家也用壁報紙畫考場平面圖，拿一台小汽車模型，叫她用手推著，照考試場地的路線前進，依考試的狀態唸口訣，複習注意事項及要領。隨著下次考試的日子接近時，我告訴小娩：「爸爸能做的只有這些，油門和方向盤都要靠妳自己，就像人生一樣，很多事情要自己來，別人只能幫忙，不能替妳做。」我每次看著小娩等待考試時的背影，實在是很不捨，但社會就是如此現實，遲早都要面對它。謝謝小娩的堅持、謝謝妳的不放棄、也謝謝妳的勇敢，沒有讓我等太久，第四次終於成功考取駕照。其實我心中預備給她十次機會，別人看來很簡單的事，對小娪來說都是極大挑戰，恭喜我們的人生關卡又闖過一關。小娪回到家抱著我哭了好久，我問她是太高興所以喜極而泣嗎？小娪說：「不是因爲考過駕照喜極而泣，而是因爲不會再讓我失望了。」然後我的眼眶又濕了。

「諮商中心」的輔導及關懷

小娪考取汽車駕照後，大學也開學了。開學之前，學校特別舉辦了一個新生訓練成長宿營，所有的新生都要在學校住四天，這是小娪第一次獨自離開家那麼久，而且是跟不認識的室友四個人住一間寢室，出發前既期待又緊張，第一天和太太一起帶小娪去學校，並把所有的行李放到宿舍，瞭解一下環境後便離開了。離開前回頭看著小娪，心裡五味雜陳，心裡想著：「是該放手了！孩子長大了！」我不斷的催眠自己，孩子長大了。

晚上睡覺前撥了通電話問小婗：「一切還好嗎？」她平靜地說：「還OK！」我問她：「房間怎麼那麼安靜？同學都去哪了，爲什麼妳沒去？」小婗說：「同學都到外面去逛市集了。」學校特別爲大一新生辦了迎新市集，但她不想去，因爲寢室沒其他的人，所以我請小婗開視訊，讓我看一下她的寢室內務有沒有整理好，我發現小婗不敢看鏡頭，而且聲音開始有些哽咽，問她怎麼了，她一直回答沒有，就急忙掛電話，然後打訊息回我說同學都進來了，不方便再說了。小婗是我的女兒，我知道她想家了，因爲小婗沒有說要找我的媽媽，我知道我再繼續講下去，她會忍不住哭，於是就傳訊息告訴她，要開開心心的過這四天的生活，學校安排很多活動，要多拍一些照片傳回來給我們看，以此來化解她想家的心情。

四天後小婗回到家裡，我追問第一天爲什麼不敢看鏡頭的原因，小婗回答：「因爲想家會想哭！」我猜對了，因爲她是我女兒，我很瞭解她。多采多姿的大學生活，教學方式與國中和高中又有明顯不同，對於不善閱讀的她，學習上不再那麼限制。報告代替了考試、分組討論代替了獨立思考，很明顯地看出她很適合這樣子的學習環境，而且有了諮商中心師長們的輔導及幫忙，大學四年，幾乎是小婗就學以來最快樂的時光。

其實閱讀障礙生的聽、說、讀、寫、算等能力明顯偏弱，並不表示都不懂，只是他們需要比一般同學花更多精力與時間，才能把所學到的說出和寫出，學習策略上可用筆記、合作學習或讀書小組來提高學習成效。我的方式就是反覆的練習，甚至會用說故事的方式，幫忙小婗增加記憶，有時也會舉一些可以引起她興趣的例子，增加學習成效。小婗的內心也渴望能獲得友誼，但有時卻不知如何表達，所以多麼希望同學能體諒、包容，耐心地和她相處。

並不是所有閱讀障礙者都有社會技巧的問題，但絕大多數都有此問題，社會技巧的缺陷主要在於自我概念、交友能力、與他人互動能力，甚至對於處理學校課業的方式都有負面的影響。學習障礙影響社

會能力發展的原因來自其溝通能力不佳及學習障礙低成就，而造成社會地位低落。首先，溝通是社會互動的必要能力，比較容易理解；而閱讀障礙、語言障礙會產生非口語行爲理解的缺陷，也常常是讓學生難以解讀社會情境，以及建構適當的反應與他人互動的能力。

其次，閱讀障礙導致的學業低成就，限制了他們與高成就同儕的交友機會，失去互動的共同焦點。閱讀障礙學生年復一年經歷學校的失敗及挫折，對於個人動機容易產生負面的作用，認爲無論自己如何努力都不會成功，甚至因此認爲是自己能力不足，而不會想到需要更多的努力或需要尋找相關資源及其他人的幫助。當學生預期自己會失敗，就會變得依賴他人或相信運氣，也會很容易放棄，這種現象稱爲習得無助，也因此容易增加他們表現不佳的現象。因此，諮商中心就發揮很大的功能，國內外有許多傑出的學習障礙者過著很成功、很有成就的生活，事實上也還有更多的學習障礙成人仍持續努力要實踐展現其潛能。

從文獻上得知，多數學習障礙成人認爲有錢、成名並不是他們未來的理想，但快樂與具有生產力的生活卻是人人都企盼的目標。對於從小就問題連連，不斷打擊他們的信心，快樂且具有生產力就成了遙不可及的企盼。對於如同和小婗一樣即使就讀大學的學習障礙學生，看似已有不錯的適應能力，但他們仍持續有寫作與閱讀的困難，以及無法順暢閱讀、記住訊息，甚至也很難有效地應付日常生活，在在皆困擾著他們。唯有透過有效的自我管理方式及課程調整與協助，學習障礙學生才能大幅改善其表現。

從書僮到專職的學生，期待一起畢業的父女

小婗在大學二年級快結束的時候，我意識到小婗的大學功課讓我快吃不消了，不是沒有時間指導，而是專業度不足無法協助指導她，尤其很多是分組報告的作業，有些是需要幼兒教育現場經驗的，甚至愈來愈多專業的問題。正當在煩惱這個問題的時候，突然看到樹德科

技大學二技在職專班的招生宣傳，於是我就和太太商量，我去報考樹德科技大學兒童與家庭服務系二技在職專班，一方面可以知道兒家系學的是什麼，另一方面也可以和小娓一起畢業，這意味著我的陪讀生涯也可以畢業了，這時腦海中已經浮現，我與小娓父女倆一起參加畢業典禮的同框畫面，多麼溫馨感人啊！於是我就依照簡章上的資料去準備，在報名截止的最後期限內繳交資料，忐忑地等待放榜的時刻。

原以爲一切會很順利，沒想到放榜的那一天，網頁上怎麼找都找不到我的名字，收到成績單之後才知道自己是備取，而且排名很後面。本來決定要放棄了，但後來想一想，自己都告訴小娓不要輕易放棄任何事情，自己怎麼可以放棄呢？我也應該爲小娓努力到最後。我就按照榜單上規定的時間去學校，等待正取未報到的候補名額。那是採取撕榜單的方式進行，我記得我是備取十七，但現場兒家系只剩下六個名額，扣掉前面有幾個沒有來的，我變成第十二位，也就是說前面至少要有六個不能選兒家系。一開始的前二位就選了兒家系，眞的令我超緊張，一直到在我前面還有三位的時候，兒家只剩下二個名額，我不斷的默念著拜託不要選兒家系，果然這三位都沒有選兒家，很幸運的我撕下了最後第二張兒家系的榜單，內心很激動，感謝老天爺給我這個機會，也感謝自己最後的努力，讓我可以在小婗的求學之路上，再助她一臂之力。

二技開學後，我的年紀與性別成了班上的焦點，班上有兩位男生，另一位是三十幾歲的幼兒園負責人，來這裡是爲了要取得教保員資格，而我是來陪女兒讀書的，上課第一週的每一堂課程，每個老師都好奇我爲什麼會來唸書，於是我就一遍又一遍的敍說我來唸書的原因，也有幾位老師已經知道，就會說原來你是小婗的爸爸。在二技唸書的時候，每一科我都非常的認眞，有些課程是在陪伴小婗準備功課的時候已經「先修」了，所以讀起來並不陌生，一年級上學期結束，學習成績的平均分數在八十五分以上，居然還領到公司頒發的獎學金。

二技一年級下學期的時候才知道，原來我不用先讀二技就可以直接讀研究所，突然想起爸爸對我的期望，爸爸一直希望我可以念書，當時的我就只知道想玩想工作賺錢，而忽略了讀書，草草讀完二專應付了事，如今有機會讀研究所拿到碩士學位，爸爸一定很高興，雖然爸爸已經不在了，但我決定要努力看看。一方面小婗大學四年級，也開始進入了幼兒園實習階段，課業方面應該沒那麼重，況且我讀了一年，也有一些基礎可以繼續指導她了，加上當時教導心理學的筱晶老師及其他師長的鼓勵，於是我就報考了樹德科技大學的兒家碩士班。

記得研究所入學口試的時候，口試委員問我爲什麼要讀研究所，我的回答是：「一開始只是想要幫女兒完成大學學業，但現在我想幫助更多的閱讀障礙生，我想把我的經驗寫下來，將來也可以出書。」或許是這一番話感動了口試委員，後來很順利錄取了。雖然錄取了碩士班，但我還是把二技一下的課程完成，甚至也到幼兒園去實習，實際參與幼兒園班級的作息及運作。有了實習的經驗，才深深的體會，身爲一位幼兒園教師的偉大及神聖的使命，也奠定了日後小婉在實習中所面對到的問題，都能給予合適的經驗傳承與協助的基礎，最後雖然小婉已經大學畢業，而我沒有和小婉同時畢業，但在這個校園，也留下很多我們一起讀書的美好畫面。

再次攜手闖關成功

小婉在就讀大學三年級下學期時，有一天我突然看到一則新聞報導，報導中提到：「無論有沒有汽車駕照，從五月開始，報考機車駕照都要考筆試，才可考路考。」看到這樣子的新聞，我不禁緊張了，當初就是爲了不用再考一次筆試而先考取汽車駕照，所以我必須在新政策上路前，搶先讓小婉考取機車駕照。

由於我家附近沒有機車路考的場地可以練習，所以我還是帶她去報名了機車駕訓班，很多人都不相信，爲什麼考機車駕照還要報名駕訓班，說眞的只是因爲報名駕訓班，就可以一直有場地練習罷了，報

名之後，小娩放學後就自己搭公車去駕訓班練習騎機車。經過幾天的練習，小娩告訴我她最害怕的是ㄇ字型的關卡，每次都過不了，所以我就在我們家前面的空地，用粉筆畫一個她最害怕的ㄇ字型關卡，原尺寸一比一的畫下來，假日小娩沒有去駕訓班上課的時候，就在家前面的空地練習，一直到非常熟練爲止。

一個月過後，路考的時間到了，我常說挫敗只有起點沒有終點，對於小娩來說，任何一件別人看似簡單的事情，對她來說都是挑戰，卽便是模擬考的時候每一次都順利通過，對於正式考試，我仍然持保留態度，結果還是被我猜中了，第一次路考時，小娩太過緊張，ㄇ字形壓線雙腳落地，失敗！第二次考試，直線七秒兩次壓線，失敗！第三次有著非過不可的壓力，因爲再不通過，下次路考的時間就實施「新政策」了，也就是說要從筆試開始。

於是我就在考試的前一天下午，特別請假陪小娩去監理所的場地練習，因爲監理所上班時間，除了考試時間之外都有開放練習，我甚至親自載著她，講解了路考每一關的訣竅和通過的要點，雖然過程中迎來不少異樣的眼光，但我還是做我該做的事情，所以第三次就「順利過關」！在小婗考試的過程中，我的心跳非常快、非常緊張，我害怕的不是小婗又失敗領不到駕照，而是擔心小婗的信心若被擊潰就很難再建立，所以當小婗通過最後一關的那一剎那，我握緊雙拳振臂歡呼，小婗停好車，向我跑過來，還沒跑到我面前就高興的大哭，把這段時間的壓力全部宣洩出來，至於我，當然就跟著哭了！我們又一起闖過了一關。

父女的蛻變　婗的成長，我人生另一個轉捩點

小婗的大學四年級，是在幼兒園實習和學校工讀中度過，兒家系的實習分爲兩個學程，每一個學程都是二個月，除了一般的幼兒學程之外，還要在早療或特教學程間擇一，小婗選擇了早療學程，也很幸運地分配在離家不遠的楠梓翠屏幼兒園實習。爲什麼說很幸運呢？因

爲這個幼兒園除了離家很近之外，小娓選的二個學程都有，不用再換地方實習，最重要的是這是樹德科技大學代管的非營利幼兒園，園所裡面的園長及老師都是樹德科技大畢業的學長姐，這樣在學習及適應上就比較容易上手。

雖然是實習，但實際上就是參與幼教老師的工作，做中學、學中覺是實習的目的，但現實與理想是有差距的，課堂上講的與實際上遇到的突發狀況有很大的落差。小娓每天回到家都會和我討論，在學校遇到的問題該如何解決，尤其是在早療階段的實習，面對那些特殊的幼兒，小娓會多一份的關心甚至感同身受，時常和我分享要如何才能夠幫助他們，希望他們有一天可以好起來之類的。在這四個月當中，我們的對話與溝通變得很多，我也覺得小娓成長了不少，在她提出問題的時候，我通常不急著回答，反倒是先問她的想法，如果老師不在她會怎麼做，培養小娓思考的能力，我想我的方式也不一定對，也許可以透過她的想法來激發出更好的解決方法，這樣才是最好的學習與教育。

大學這四年不只是小婗成長的開始，也是我人生另一個轉捩點，從陪讀到讀二技再到研究所，這些都不在我原本的人生規劃裡，甚至在小婗大學畢業後，我也從工作了二十六年的公司退休了，在二十六年的職場生涯中起起伏伏，每當不順遂的時候都想離職，但總會想起我爸爸說的：「能在一家公司做到退休就是成功。」2011年爸爸臨終時還特別跟我說要好好工作，我含淚點頭答應，現在我要告訴爸爸，我在一家公司做滿二十六年了，我退休了。爲什麼會想退休？其實和工作沒什麼關係，主要是陪伴小婗從小讀書一直到她大學畢業，小婗開始她出社會的新生活，我也想換一個環境重新出發，釋放一下這十幾年來的壓力，我想和小婗一起繼續面對及開創新的人生。

出社會的婗，積極求職

小婗畢業後的一星期就表達想找工作，原本我是想讓她休息半年，到處去走走，甚至規劃了跟她一起騎機車環島，如今她卻積極地想要去工作。或許是同學也都開始在找工作，或許是小娩想要證明她自己的能力，不論是什麼原因，我都支持她的想法。於是她就開始到求職網上去登錄資料，隔天就有好幾通電話來邀約面試，她很開心，我也很驚訝，原來幼兒園這麼缺老師，心想這個科系眞的選對了，畢業後不怕失業，可是一方面又擔心「小娩行嗎？」比較了三家幼兒園，小娩選擇了離家最近的一間園所去面試。說實在的，我是不抱著任何會錄取的希望，只是讓她有個面試的經驗，沒想到她卻通過了第一關，三天後園長會親自複試，我想就讓她去試試看吧！反正只是求個經驗。

當小娩從複試場地走出來，告訴我她被錄取的時候，她很開心，但我卻笑不出來，因爲我點擔心和害怕，我擔心害怕的是她進入職場後的情況，小娩眞的可以嗎？我反覆地問著自己，因爲我太瞭解小娩了，其實我的答案是否定的，原本我是以爲不會被錄取才讓她去面試，如今錄取了我該怎麼辦呢？小婗的開心讓我顯得更不安，因爲這是一所森林幼兒園，是走華得福教育系統的，跟學校實習的不太一樣，我害怕她不適應，沒辦法通過試用期，這樣會不會對她造成更大的傷害，會不會讓她以後沒有信心去面試去工作？

回家後和太太與媽媽討論了許久，放手吧！決定讓她出去闖一闖，不論結果如何，都是小婗自己必須去面對承擔的，到職前特別去挑了幾件上班的衣服，開始上班後的兩天是「蜜月期」，小婗回到家開心的與我分享著學校的一切，包含和老師與學生的互動，看似很平常，但她卻還沒發現工作和實習是不一樣的，或許她還來不及切換，或是老師沒有很明確的告訴她該做什麼事，所以到了第三天下班，我就發現了異狀，她顯得不是很開心，原來學校要求教師要背很多的歌曲和指令，上班變得有壓力，不是像實習在旁邊看而已，老師想嘗試讓她獨立帶班，她也膽怯了，小婗很誠實的跟老師說她還需要一點時間，目前還沒辦法獨力帶班。

回到家我也跟小娩說，幼兒園老師是幼兒的楷模，一舉一動都是幼兒學習的目標，不是只有帶小孩而已，如果不知道怎麼做，不能硬著頭皮亂做，最重要的是還有安全的問題，小娩這時候也意識到了事情的嚴重性，或許是害怕出差錯，或許是能力不足沒有自信，在表現上有所退縮，學校負責教小娩的老師是樹德科技大學的學姐，很有耐心的跟小娩溝通了一些事，也瞭解了她的狀況。小娩和園長及老師討論以後，小娩覺得她需要再多磨練一點，可能要過些時日才有辦法接下這個工作，因爲學校人力吃緊，爲了不耽誤學校的運作，因此主動提出要離開，人生第一份工作就在一個星期後畫下句點。

小娩回到家顯德很沮喪，很顯然的，她遇到了很大的挫折，突然間我不知道怎麼安慰她。回想起一個星期前，小娩去應徵錄取時的模樣，何其諷刺與殘忍，早知道小娩會遇到這樣的結果，爲什麼又要讓她去受傷呢？這到底是對還是錯呢？我的自責大過於難過。但也佩服小娩在整個過程中的勇敢，至少自己去面對與接受結果，不再是躲在我的背後。

天無絕人之路，繼續為「娓」努力

我沒太多的時間自責與難過，立刻拿起電話打給在幼兒園當主任的二技時期同學，我說明了上個星期小娓去上班的經過，拜託他是不是可以讓小娓去那邊試試看，任何工作都可以做。同學請我放心，給她一個星期的時間，她會跟老闆還有園長溝通看看。這家幼兒園和我很有緣，幼兒園老闆是我認識的車友，他兒子目前是學校的主任，也是樹德科技大學兒家系的學長。記得小娓還在就讀三民家商的時候，我就開玩笑的跟老闆說：「以後我女兒畢業就到你們那邊上班，我退休後要去開娃娃車。」後來沒想到我實習的時候就是在這家幼兒園，如今小娓也有機會到這家幼兒園來實習工作。三天後同學就來電說：「下星期一請小娓八點前來報到。」感謝同學、感謝老天爺，在關了一扇門之後，又幫小娓開了一扇窗，讓小娓可以朝著她的夢想之路繼

續前進。就這樣，小娩在2022年八月，開始在幼兒園上班，八月八日登入了教育部的幼兒園教師進用，這眞是上天給我最好的爸爸節禮物，而我也在2022年十月退休到新公司報到，雙雙展開新生活。

雖然幼兒園是朋友經營的，但我請他們對小娩不能有任何的寬待及特權，反而是要比一般的老師要求更嚴格，什麼都學什麼都做，在這裡不僅要學到當一位幼兒園老師的基本功，更要學習的是人與人的相處，團體的生活、職場倫理等，要讓小娩適應社會，讓她體悟到學校與社會的差異、課本與現實的差距。

小娩到職八個月後，有一天下午，我接到園方打來的電話：「嚴爸爸，可否跟你約個時間來園所一趟，有些事情想跟你聊聊。」我心裡想，不妙了，會不會是小娩在幼兒園發生什麼問題？回到家馬上問小娩，學校有找妳聊過什麼？小娩回答有啊！只是問我適不適應這裡的生活等。我感覺從他口中問不出什麼所以然，還是等親自跑一趟才會明白。到了園所，園方代表很不好意思的跟我說明小娩的狀態；

由於小娩缺乏自信，所以目前還無法獨立帶班，只能用配班的方式帶班，再加上個性比較溫和，常常無法有效管理班上的秩序，幼教師的工作某些時候也要硬起來，不能一直當扮白臉，擔心她如果繼續這樣，會鎮不住幼兒園的小朋友。

我聽到園方代表說的這些話，心裡大致有底，雖然我自己也知道，也許小娩的個性在這個職業有點吃虧，但是我一開始的設定，便是打算用三年的時間，讓她在幼教界努力看看，因爲我知道小娩學習上比較慢，適應環境上也是，但不代表她學不會、不會進步，所以當時才會請認識的幼兒園幫忙，給她學習的機會，就是希望小娩可以慢慢進步，慢慢適應環境。我請園方代表再跟小娩溝通，我也會跟小娩討論，接下來該如何面對，要不然好不容易建立起來的信心，又會再一次被擊垮。

回到家沉澱了一個星期，我就寫了一封訊息，透過我在這家幼兒園工作的同學傳給園方，希望我能再爲小娩努力一次。訊息內容如下：

首先感謝園方和您對小娩的照顧，真的非常感恩你們能給她這個機會在幼兒園學習，經過了八個多月，在這個充滿愛的家庭中，小娩確實成長了不少，或許在園方及其他師長的眼裡，表現不如預期，也未達幼兒園老師的要求，這些我比誰都明白，心中除了感謝還是感謝！但是以爸爸的身分，希望小娩再努力一下！而我想表達的是重新定位小娩的角色，

真心希望園所能再給小娩一點機會和時間！我不想，也不願意給園所任何壓力和困擾，只是我覺得是否還有空間再討論，如何運用這個人力，小娩真的需要多一點的時間和機會！

寫完訊息的幾天後，我接到園方的電話，園方表示接受我的建議，再給小娩一些時間，並且重新定位她的職務與工作內容。當下我的情緒很激動，連忙說聲謝謝，眼淚不聽使喚地流了下來，回到家立刻跟我的太太還有媽媽分享，她們都很高興，前幾天太太還擔心到失

眠，現在終於可以好好睡覺了，媽媽很高興的念著：「神明保佑。」

在角色重新定位後的兩個月，園方及小娊都對目前的工作安排非常滿意，其實最滿意的是我啦。

第五章
否極泰來

從生命的裂縫看見不一樣的人生

人生不如意十常八九，沒有一個人生下來就是完美的，只有放寬自己的視野，透過裂縫才能看見陽光，生命中遇到所有的困境，都是未來人生的養分，勇敢的突破生命中的裂縫，才能讓陽光灑落。生命會找到出口，不要因爲失落而懷憂喪志，終究會撥雲見日見到曙光，就如漂浮在汪洋中的浮木，讓人看見希望，找到自己的生命價值。任何人都希望自己有一個完美無缺的生命歷程，當然愈順遂愈好，人生沒有任何缺憾就是完美嗎？沒有爲人父母者不希望自己的孩子平順地成長，都希望孩子有一天能在社會立足，這種最基本的小心願，對我來說，卻成爲遙不可及的夢，成爲生命中的挑戰。

從懷疑到小娩鑑定後確診爲學習障礙的期間，是我生命中最難熬的階段，心情上承受的壓力猶如洗三溫暖，一次次的打擊讓身爲爸爸的我整天抑鬱寡歡，而在確認學障的診斷後，只想著「如何讓孩子變好」，經過一連串的嘗試與努力，發現再怎麼樣的付出，學習成績還是比一般人落後，這和我的想像完全相反，陷入沉重的失落中。白天不懂夜的黑，又有誰能懂我的明白？陪伴小婗的成長讓我深刻體會，一定要度過黑夜才能迎接光明，也因爲有了生命的裂縫，才能看見不一樣的人生。

因爲礙　所以愛

回顧一路陪伴小婗成長的生命歷程，是對自己生命功課的學習和理解，體驗著一種由內而外的通透和相遇，人生劇本也因而面臨重要抉擇的時刻。猶記得當小婗國中時期，因學習障礙與同學相處的不適造成的困擾，這幾乎已成爲我生活中的日常。然而，小婗因在學校與師長、同儕的互動頻頻出現狀況，這樣的情境之下，她經常被視如「眼中釘」、「公敵」的排擠，求助無援，不難知道我無法預見孩子的未來，讓身爲爸爸的我，以自己有限的方式陪伴孩子，這個「我」是我未曾認識的「我」。

現在想想，我眞的佩服當時的「我」能做出這個決定，我認爲是我對「父職的我」的期待，現在看起來這個決定是對的。在陪伴小妮之前，我沒有教過小孩，小妮是我第一個小孩，也是唯一的一個，可是我很確定知道陪伴學習應該不難，因爲我就是會愛她，那是出自天性很自然的愛，我不會過度在意別人的眼光，如果連我都不能夠認同我的孩子，我怎麼會期待她在這個社會能繼續生活下去？也就是說，你若不認同自己的小孩，你就不要期待任何人會去認同你的小孩。

我是誰？我在哪？

決定要用自己的方式陪伴小妮的我，其實也很忐忑，我沒有任何特殊教育的背景知識，有的只是我對孩子的愛，但是這個愛足以讓我壯大內心的勇氣，來面對家庭和外在環境嗎？家庭的生命歷程是持續不斷互動的，在延續中有改變，在改變之下得以延續。小妮還沒有被診斷爲學習障礙之前，我們一家人過著平凡恬淡的生活，我曾經以爲這樣的生活就是常態，直到小婗的閱讀障礙狀況開始出現。但「承認」與「接受」是不同的，承認也是接受的開始，承認我的孩子是閱讀障礙，也認同自己是障礙者爸爸的角色，因此開始接受孩子的限制、接受孩子的學習狀況可能要面臨的處境、甚至接受自己要面對孩子各種學習上的限制。雕塑家羅丹曾說：「生活中不是缺少美，而是缺少發現。」人生一路走來點點滴滴的歷程中，昨日它已成歷史，明日尚不可知，只有「現在」才是上天賜予我們最好的禮物。

生活中，我們總是太在意外界的眼光、爸媽的期待、師長的期待、家庭的壓力……，以至於我們漸漸成了「別人期待的自己」。在諸多的壓力下，漸漸地失去「做自己」的勇氣，或許在我陪伴小婗的過程中，也只投入在做「好爸爸」，不再向內觀看自己，我希望成爲的自己是什麼樣貌？能夠生活在世上就是一種幸福，然而很多人卻忽略這點，看到的只是自己缺少的東西，而身邊已擁有的許多美好事物卻沒有發現，於是容易對自己產生質疑，對生命失去了熱情。

常聽人說，「消除壓力，運動最有效」，不可否認，在陪伴小娓的過程中，無論是面對自己的小孩有障礙的壓力，還是來自與爸媽教養方式不同所帶來的壓力，甚至是來自外界異樣眼光的壓力，各種有形無形的壓力排山倒海而來，我開始利用跑步來宣洩，從短距離跑到長距離，從二十一公里的半程馬拉松，跑到七十二公里的超級馬拉松，甚至開始接觸、並參加鐵人三項競賽，最後竟然挑戰難度最高的超級鐵人，並且完成了四次。何謂超級鐵人？即在十七小時內必須獨立完成：游泳三點八公里、單車一百八十公里及跑步四十二公里，總長二百二十六公里。

雖然沒有突出的成績，但我享受在準備和參賽的過程中，與自己對話，釋放心中積藏已久的壓力，雖然身體疲憊，但是可以得到心靈的放鬆。有報導說：當壓力反應被啟動時，運動可以消耗掉「壓力荷爾蒙」，否則，這些壓力荷爾蒙會堆積起來，將持續影響身體健康。因此，假如運動可以製作成一顆綜合維他命，應該每天都需要來一顆。小婗的閱讀障礙不會消失，有閱讀障礙的小婗永遠是我的孩子，不僅是事實，也是屬於我生命中的一部分，我要接納並且要設法將這個缺憾化爲動力，去挑戰並克服它。我相信這就是自我探索與發現的過程。不管此刻有無成就，得先由內心出發與自己的內心世界交流，才能接近自我。

唯有失去才懂得珍惜

近年來，走過失去爸爸的傷痛，曾經徘徊在存在與失落世界中的我，眞實理解和經驗失去親人的心碎與絕望，也深刻理解和經驗失去親人的孤單與斷裂，更親身經歷失去親人那內心深處的孤單身影，在同學的觀察中我看起來「孤單」，這正是我此刻生命的寫照！摯愛親人驟逝的痛不欲生如椎心刺痛般，切切思念的心不停的深情呼喚著，內心世界彷彿墜落幽谷，曾止不住淚水的悲傷和思念，這是因著逝者與生者的「愛」，也是生者最深情和眞實的眞情聯繫，這個愛雖然無

法再以具體的形式出現在我眼前，但我相信愛依然存在。經歷悲傷的痛苦，從無法接受失落的事實到適應逝者不存在的新環境，必須得經過無數次不斷重複和循環的歷程。才能漸漸調適走出陰霾的情境，開展屬於自己未來的人生。

愛的漣漪

愛你無條件　愛我用心肝
不管別人按怎講　相信我愛的人不變卦
愛情無條件　緣分全看破　為你犧牲這呢大
甘講你愛我去死才知疼
愛你無條件
（作詞：許常德／作曲：游鴻明）

什麼是無條件的愛？無條件的愛，就是無論對方是怎樣的，你都愛他。世上的愛有千萬種，唯有爸媽對子女的愛，才是眞正無條件不求回報的。如果我們只著眼於親子之間，那麼無條件的愛就可以這樣表述：無論孩子多麼難管教、多麼笨、有多少問題，爸媽都一樣的愛他。大概很多爸媽都會回答，那是當然啦！不管孩子是怎樣的，我都是一樣的愛他。

一直到現在，我的媽媽都非常的愛我們，我的爸爸在世的時候也是如此，雖然她們的嘴巴都不說，但是他們總是用行動來表示。就如同前面所提到的，我的爸爸會一直幫小娓買橡皮擦、我的媽媽會幫小娓打掃廁所，他們總是會用滿足我們需求的行動，來表達他們對子女和孫女的愛。我的爸媽在我與我的姊姊小時候，會用去餐廳吃飯、買新衣服，來表達對我們的愛，這是給魚吃的愛；我在教養小娓及陪伴學習的過程中，除了給魚吃的愛，還給小娓教會她釣魚的愛。

小娓的心中有一個什麼都不可以的媽媽，和一個什麼都可以的爸爸，因爲每次小娓想做什麼事或想去哪裡，我的太太總會說「不可

以」，但其實她不是眞的想反對，只是擔心小娩能力不足，或是可能會遇到什麼危險，是基於想保護小娩的前提下拒絕她的請求。至於我的「可以」也不是一味想當好人的答應，我會在答應小娩後，問她想去或想做的目的是什麼？打算怎麼做？用什麼方法等，我希望小娩能有自己的想法，如果她的想法不可行，就告訴她是哪裡出了問題，爲什麼不可行，這樣小娩會明白爸媽不是不讓她去哪裡或做什麼，而是不適合現階段去做。

在一般傳統家庭裡，主要負責照顧小孩的通常是媽媽，爸爸的角色則是負責家庭的經濟來源。通常因爲工作的關係，爸爸在家裡的時間比較少，陪伴小孩的時間也比較短。尤其是面對女兒，爸爸的參與度就更少了。因爲可以和兒子玩戶外的球類運動，但卻不知道要和女兒玩什麼，認爲女生就該玩洋娃娃或靜態的活動，所以會把陪伴女兒的責任交給媽媽。其實爸爸在女兒的人生中，扮演著很重要的角色，他不只是女兒人生中第一個出現、第一個擁抱她、第一個愛她的男人，他的影響力更會塑造女兒的自尊心、自我認同感和自信心，並影響女兒對男性的觀念。

我曾經臉書寫下的文字

我女兒今年滿二十歲了！有一天，她會單飛。所以我決定：趁我還有力氣，要騎著摩托車載她去環島。我要讓她知道：

第一個愛她的男人是我、

第一個牽她的男人是我、

第一個抱她的男人是我、

第一個親她的男人是我、

第一個載她環島的男人還是我！

堅持的信念

小婗從一個聰慧活潑的孩子，到確診有閱讀障礙之後，在學校、社區、社會大眾間被誤解、霸凌的歲月，有好幾次面對小婗痛苦的吶喊、抗議，我曾爲自己無能爲力替她排除生活中的磨難而自責，只能把淚水往內吞，箇中的滋味、心境的轉折帶來的考驗，都要一一面對和突破，內心的糾結與感受如人飲水，若非身歷其境，是不容易體會的。

陪伴女兒成長，經歷生命的難關雖舉步難行，但終究要鼓起勇氣繼續向前邁進。過程中總是苦多於樂，曾經在面臨種種壓力的困擾下，我被擠壓得無法喘息，但終究得堅持走下去，只有勇於承擔才能主宰生命，也只有勇於面對才能化解內心的恐懼，堅信努力才是前進的動力。西方的諺語：「When God closes a door, he must open another window. 當上帝爲你關了一扇門，祂同時會幫你開一扇窗。」「天無絕人之路」，身爲爸爸的我，因爲秉持這個信念，才有繼續前進的力量。

爲生命創造正向漣漪效應

陪伴小娩成長的過程，看見一個活潑、聰慧曾被爸媽寄予厚望的可愛小孩，從十歲開始就因閱讀障礙而帶來層層的磨難和考驗，心中有許多不捨與難過。在國、高中的階段，小娩的學習情況出現嚴重的斷層，也因此帶給小娩身、心、靈相當大的煎熬，致使她的人生如同跌落谷底一般，可以想像小娩的內心更是痛苦。自責自己身爲爸爸，能爲她做的竟然如此有限，這樣的煎熬與無助又該求助誰、向誰傾訴？思索小娩從被判定爲閱讀障礙後就不被看好，以及在不友善的學習環境中成長仍勇往直前，國中進入資源班就讀到錄取公立高中，甚至一路挺進到大學繼續就讀，這樣如奇蹟夢幻般的故事，除了家人不放棄的陪伴與精神支持之外，最重要的還是要靠著周遭親友、師長的愛與鼓勵和貴人的協助，才能造就她從屈辱與挫敗中站起來的蛻變。

小娩經歷過程的突破和蛻變，就像社會心理學上「漣漪效應」所產生擴張的影響作用，撰寫本書，就是期盼能以她的例子帶來相同的效應，能漸漸擴及到其他有著相同遭遇或情況的特殊兒家長或親友身上，經由這樣的效應影響，讓我們期盼其他特殊兒也能跟小娩一樣，有人陪伴與協助而不被放棄，更希望將來都可以突破萬難走出屬於自己的路。

生命雖然獨特，但是在陪伴特殊兒成長的歷程中，總是遇到一些類似小娩遭遇的孩子與爸媽，但是在這些過程中，並非所有人都可以得到被理解和同理的對待，相信所有陪伴特殊兒的爸媽在教養過程中，是多麼渴望得到社會支援和殷切期待的同理心。因爲有了共鳴和關愛，才能增強繼續陪伴特殊兒的勇氣。因爲小娩，讓我學習到如何承擔生命重量的課程，讓我學會了面對總比逃避來的坦然、承擔會比推卸眞實，勇於接受與面對。才讓我尋回屬於自己角色中隱藏的能量，賦予小娩更完整的關照和支持，相信能讓小娩的成長過程中，發現生命中隱藏的美好意義與價值。

我就讀的樹德科大二技或研究所的同學，大部分都知道我與小婗的故事，某日下午研究所學長與我聯絡，學長的太太在美濃某國小擔任老師，學校有一個特教增能研習，希望邀請我擔任講師，主講學習障礙的親師共伴之路，我毫不考慮的答應了，因爲這正是我就讀研究所的目的之一，能爲社會盡一點心力，爲同爲特殊生家庭或老師，分享我的自身經驗。會後我也將講師費回捐給學校，回家後開心的與小婗分享，我們的學習經驗也可以化爲一股力量來回饋社會。

讓愛驕傲的存在

一路陪伴小婗成長的過程裡，裝載著滿滿的愛，這些愛，其中有來自我太太的愛，小婗的媽媽是一個用行動來詮譯愛的人，她的每一個動作、每一句言語，都包含著對小婗深深的呵護；有來自我爸媽的愛，我媽媽因無法接受小婗的症狀，深怕影響她的學習和日後成長，

整天憂心忡忡，四處打聽有沒有什麼方法可以治癒小婗的症狀，這份關愛仍持續到現在，讓小婗眞實的體會及感受到我媽媽對她的愛。現在，雖然最疼愛她的超人阿公已經離開這個世界，但小婗相信在天上的阿公會守護著她，所以每當小婗要面對挑戰或遭遇困難時，她都會到我爸爸的牌位前，祈求我爸爸的幫忙，給她心靈上的支持，當順利達成目標後，小婗會把功勞歸於我的爸爸，說是「阿公」幫的忙，我的爸爸永遠活在小婗的心裡不會離去。

生命因爲相互陪伴，相互感受愛的溫暖而存在並茁壯，這股力量透過連結、感受和分享，讓愛一直循環、一直流轉，讓小婗接納自己的與衆不同，面對眞實的自己。家有特殊兒的爸媽在面對孩子的問題時，除了期待看見特殊兒的茁壯，更期望他有朝一日能獨立自主。爸媽最後終須試著放手，讓孩子學會自立，也才能放心讓孩子去面對屬於自己的人生。托爾斯泰曾說：「唯有有愛的人，才能承接悲傷；唯有愛，才能療癒悲傷。」因愛得以照顧撫育特殊而獨特的孩子，也因家中有特殊兒，在成長陪伴中深刻體驗的愛，讓「愛」一直都在，人生得以邁向圓融的境界。

過去的十幾二十年中，家人最害怕的莫過於有人問起小婗的狀況，學習落後、資源班、低成就，每一項都因自卑而足以當成逃避的唯一藉口，經由陪伴學習、陪伴成長的過程不斷的突破自己。感恩生命中的每一個貴人，每一段刻骨銘心的考驗，小婗因此而改變和蛻變，雖然蛻變的過程是很痛苦的，但每一次的蛻變都會有成長的驚喜。我們曾經逃避，然而，今日卻恨不得有人問小婗的狀況，因為我會驕傲的、大聲的說：「小婗現在是一名合格的幼兒園老師。」

陪伴與支持的勇氣

相信每個人的生命都是有意義、有價值的，而且生命彼此也互相聯結，我希望藉由自己身為特殊兒爸爸生命經驗的探索，讓特殊需求家庭的爸媽看見孩子的優勢和特質，在充滿挑戰的教養歷程中，展現

親職的韌性，能有扭轉逆境的勇氣，發掘特殊兒生命無限的潛能，迎向生命的曙光。

當我們幫助孩子完成一項作業或任務的時候，常常會忘記給予孩子肯定，通常會認爲是自己的功勞，沒有我們的協助孩子沒辦法完成。就像陪孩子完成了困難的作業習題，卻說一句：「還不都是我幫你完成的，不然你怎麼可能自己完成？」一句無心的話會讓孩子覺得自己是無法獨力完成的，這樣對他在下一次面臨挑戰時絲毫沒有幫助，而且更沒有自己去面對的勇氣。適時鼓勵孩子，肯定他努力的過程，孩子才有正向的行爲，這樣也才能幫孩子建立信心。我最常在小娩完成一項任務或作業時，給她一個眼神或是握住她的手說：「妳眞的很厲害耶！」小娩就會笑著對我說：「是爸比的幫忙。」記得我帶小娩去學游泳，結訓的最後一關是從跳臺上往下跳，然後游五十公尺，依當時小娩的游泳能力，要完成五十公尺自由式，是沒有問題的，但是她只敢從水中出發，不敢從跳臺往下跳，我告訴小娩我不能代替她游，但是我可以陪伴她一起跳、一起游。就是這樣的鼓勵，我跟她一起往下跳，雖然完成後她仍然害怕得大哭，但還是靠她自己的游泳技能過關了，這是她努力的成果，也是她的成就。我們常因爲怕麻煩或是想快速完成，而代替孩子完成了他的工作，可是當有一天我們不在孩子身邊的時候，她要如何面對？所以當小娫的挑戰與困擾出現時，我認爲這就是最好的練習機會。

希望她可以獨立完成任務，放手讓她學習，我能做的只是陪伴與鼓勵，並持續給予過程中的正向肯定，總有一天，她一定也能展翅高飛，在天空中用美麗的姿態翺翔。在自我追尋生命經驗中，我以自我敍說的方式，把「自我」當作研究的對象，透過自我敍述生命故事的過程，從中探索，進而在過程裡發現自我存在的價值，看見生命中不同的視角面向，敞開生命歷程不同建構的呈現。就像所有的童話故事一樣，都有著王子與公主從此過著幸福美滿的日子，這種完美的結局，但是我和我女兒生命歷程的故事仍在持續的進行著。或許未來還有更多的考驗等著我和小娫共同去面對。

作爲一個爸爸的角色，將自己從新手爸爸的喜悅，到小娫被診斷爲閱讀障礙，從學習落後的不及格，一直到領到零分的考卷，學習路上的困境與一路走來的辛酸無助，很難用筆墨來形容，生命旅程的驚險、喜悅、挑戰、挫折、貴人，和生命中所有經歷皆豐富了旅程，陪伴女兒的學習及面對所有難關的故事情節，精彩了我的生命。每個障礙兒都是爸媽心中永遠的痛，是心中的不捨與包袱，也是心中的寶貝。陪伴是一條漫長的路，我們總是希望能提供最好的資源給小孩，不過什麼東西對他們未來最有幫助？有句諺語是這樣說的：「給他魚吃，不如教他如何釣魚。」若能在孩子成長過程中，慢慢建立生活能力，將能成爲他們一輩子受用的禮物，所以我在陪伴過程中，在各個階段，配合實際情況給予不同的指導及陪伴，如下：

面對各階段困境的因應策略

表一：面對各階段困境的因應策略

階段	小婗與家人面臨的困境	我採取的因應策略
國小	小婗：因學習(閱讀)障礙，導致學習成效不佳，成績低落。 家人：家人無法接受小婗的狀況，父母親認爲是小婗只是大器晚成，不需接受治療，家人關係緊張。妻子因教導的過程產生情緒上的問題。	一、「正視問題」，接受老師的建議，進行專業的評估診斷。 二、「治療」：尋求專業的治療，並參加感覺統合課程，改善小婗的狀況。 三、「伴讀」：陪伴小婗課業成長，代替小婗的眼睛閱讀，讓小婗可以用聽力學習，提升學習成效。 四、「溝通、協助」扮演家人間協調溝通的角色，並一肩扛起教導小婗功課的責任。 五、「我與家人的時間安排」：我的媽媽在小婗下午四點回家後的進行陪伴，等待我晚上七點後與小婗開始進行課業指導及伴讀。

階段	小婗與家人面臨的困境	我採取的因應策略
國中	小婗：進入資源班，同學排擠、人際關係差，且受到同學霸凌。 家人：我母親認爲就讀資源班會讓人看不起。	一、「模擬情境」：對小婗模擬各式的情境，強化心理建設。 二、「社會價值系統」、「參與公共事務」：積極參與校內家長會並擔任會長及特教委員，有形無形的保護小婗，及了解並協助學校對於教學實況的掌握等。 三、「家庭排解」：與母親溝通，安撫家人情緒，更透過積極參與學校事務及小婗的課業指導等，更讓家人安心。
高中	小婗：課業繁重學習遇瓶頸，補考、暑修，憂心無法達畢業門檻。 家人：我因爲壓力大，身體亮紅燈。	一、「適性」調整：參加IEP會議，主動與校方溝通，建議因材施教，調整教學及評分方式，順利畢業並率取大學。 二、「輔導師長們的互動及關懷」：多與學校保持互動與師長間的指導，不排斥的面對孩子的特殊性，並掌握升學管道，再次詢問輔導老師的建議，進行鑑定評估及搜集相關升學資料及注意事項。 三、「陪伴」：大學升學前的甄選，家人的全心全意陪伴，媽媽與我一起去買面試之正式服裝，我與婗一起擬稿-自我介紹，並全背起來，我母親的加油打氣，給予滿滿的鼓勵及信心。

階段	小婉與家人面臨的困境	我採取的因應策略
		四、「我的休閒活動」：我開始透過運動來排解壓力，恢復健康。 五、「我的時間安排」：陪小婉的時間不能少，利用平日早晨五點跑步、騎車，在假日可以在早上十點前進行三鐵比賽的相關練習活動。
大學	小婉：考汽車、機車駕照路考時遇瓶頸，與同儕間的出遊及相處。 家人：我因小婉大學課程超出我能力範圍，已無法指導小婉課業。	一、「陪伴、實作、口訣及摸擬情境」：陪同小婉練習、製作圖卡、利用口訣並親自示範，順利考取。 二、「引導式學習／問題教學法」：擬定會出現的問題，一起找解決的方式，如要與同學出遊，如何去？是否要回報？午餐如何解決？回程大概幾點？時間的掌握？ 三、「同理心的學習」：同儕間的相處，如送卡片，自己希望看到的內容，可上網找資料，先模仿、換句話說或改造等。 四、「做中學」：我進入大學就讀與小婉同科系，學習後再給予小婉指導，小婉順利畢業。

階段	小娊與家人面臨的困境	我採取的因應策略
就業	小娊：畢業後對幼兒園工作環境及職務內容適應不佳，面臨離職困境。 家人：我母親認爲應該放棄幼兒園工作，再找其他的行業就職	一、「生涯規劃討論」：透過溝通，讓小娊能具體且聚焦她的定位，能與不能，是否能面對的能力到哪裡，故在第二次的職場上更能得心應手。 二、「人邁」：透過我的人際關係，請小娊職場上的同事們(我的同學及實習輔導老師等)多加以關照。 三、「親自與學校溝通」，重新調整小娊的職務定位後，適應良好，現仍在職。 四、「與家人的溝通」：跟我的太太溝通，再給小娊一些時間適應，眞的不適應再轉職。

致謝

最後：

我期許在本書的撰寫過程中，以自我生命爲故事的主體，探究與家人、他人、環境的連結，從中爬梳自我的生命本質、學習障礙者父親的意涵以及衆人眼中的我。陪伴女兒一路成長過程裡，面對著來自於周遭的挑戰與逆境，身爲學習障礙者父親責無旁貸，除了坦然面對接受自己的孩子，還要帶著她勇往直前衝破難關，容許孩子做自己。

雖然我無法雕塑孩子成爲符合我期待的個體，但我可以依照孩子的狀況來調整教養的方式，親自體驗與承擔，讓孩子覺知如實做自己。在經歷許多無常和遺憾的事件中，試著去調適它並從中學習成長，領悟找尋出療癒的能量，期許能在助人的機會上，獲得理解與認同，在實踐的過程裡，增長智慧和堅定陪伴支持的勇氣。

後記

歷史上的6月27日

1999年6月27日　我與太太結婚

2000年6月27日　我的女兒小娩出生

2018年6月27日　小娩考上樹德科技大學

2023年6月27日　我通過碩士學位口試

國家圖書館出版品預行編目資料

我是娩的眼！一位學習障礙生父職陪伴之生命故事／嚴浩銘著. --初版.--臺中市：白象文化事業有限公司，2023.12
面； 公分
ISBN 978-626-364-174-7（平裝）
1.CST: 學習障礙 2.CST: 子女教育 3.CST: 親職教育
529.69 112017630

我是娩的眼！
一位學習障礙生父職陪伴之生命故事

作　　者　嚴浩銘
校　　對　嚴浩銘
發 行 人　張輝潭
出版發行　白象文化事業有限公司
412台中市大里區科技路1號8樓之2（台中軟體園區）
出版專線：（04）2496-5995　傳真：（04）2496-9901
401台中市東區和平街228巷44號（經銷部）
購書專線：（04）2220-8589　傳真：（04）2220-8505
專案主編　黃麗穎
出版編印　林榮威、陳逸儒、黃麗穎、水邊、陳媁婷、李婕、林金郎
設計創意　張禮南、何佳諠
經紀企劃　張輝潭、徐錦淳、林尉儒、張馨方
經銷推廣　李莉吟、莊博亞、劉育姍、林政泓
行銷宣傳　黃姿虹、沈若瑜
營運管理　曾千熏、羅禎琳
印　　刷　基盛印刷工場
初版一刷　2023年12月
定　　價　350元